KB065434

광고의 8원칙

광고의 8원칙

초판　1쇄 발행 ㅣ 2020년 11월 23일
초판 24쇄 발행 ㅣ 2022년 10월 31일

지은이 ㅣ 오두환
발행인 ㅣ 오두환

발행처　ㅣ 대한출판사
주소　　ㅣ (15865) 경기 군포시 산본천로 62
대표전화 ㅣ 031-459-8830
팩스　　ㅣ 031-454-7009
이메일　ㅣ daehanbook@naver.com
출판등록 ㅣ 2020년 7월 15일 제402-2020-000013호

값 15,000원
ISBN 979-11-972205-0-0 03320

광고의
8원칙

오두환 지음

**실전광고학개론: 홍보마케터와 광고기획자를 위한
브랜드마케팅, 회사·자기 PR 필수 교재**

들어가며

'광고에도 특별한 원칙이 있는 건가?'

이 책을 선택해서 표지를 본 독자라면 광고의 8원칙이라는 것이 무엇인지 의문을 가질 것이다. 본 책은 광고를 처음 접하는 사람, 이미 광고를 하고 있는 광고주, 초중상급의 광고 담당자를 막론하고 모두가 익혀야 할 광고 원론을 제시하는 책이다. 원칙은 어느 순간, 어느 업종에서나 꼭 필요하다. 원칙이 없다는 것은 기준이 없다는 의미이고, 곧 본질도 사라진다는 것을 뜻하기 때문이다.

필자는 지금까지 원칙에 원칙을 덧대어 만들고, 그 원칙으로 모든 광고를 바라보았다. 놀랍게도 많은 광고가 이미 원칙에서 벗어난 형태였고, 본질까지 상실한 광고도 적잖이 보였다. 더군다나 그런 광고에 무지막지한 비용이 낭비되고 있으며, 효율을 충당하기 위해 광고비가 점점 더 인상되고 있는 것이 현실이다. 하지만 광고비가 추가로 인상되면 상대적으로 상품과 서비스의 질은 저하될 수밖에 없다. 필자는 결국 이 모든 부담을 소비자가 져야 하는 안타까운 상황에 도달해 있음을 깨달았다.

　그렇기 때문에 이제는 소비자와 광고주 모두가 똑똑해져야 한다. 소비자와 광고주에게 불리하게 설계된 형태의 광고를 묵인하고, 용납하고, 사용해서는 안 된다. 특히 지금까지 해 오던 광고의 잘못된 부분을 인지하고 바로잡을 수 있는 똑똑한 광고 담당자도 필요하다. 앞으로 광고는 소비자 중심으로 바뀌어야 하고, 소비자를 이해하고 배려하는 데서 시작해야 한다. 언제까지 제대로 된 제품이나 서비스가 아닌 지라시만으로도 쉽게 소비되는 시대를 살아갈 것인가? 원칙을 따르는 제대로 된 광고를 접할 수 있도록 모두가 노력해야 한다.

　그저 광고를 많이 바라보게 하기 위해 막대한 비용을 내고, 소비자의 눈과 귀를 가려 많이 보이면 무조건 잘 팔리는 시스템은 사라져야 한다. 이제는 실속 있는 콘텐츠와 원칙으로 승부해야 한다. 그 과정에서 광고 담당자는 단순한 브로커가 아닌 광고주의 가치를 발견하고 빛나게 해 주어야 한다. 그리고 광고주는 본인의 가치를 더 높일 방법, 진심을 전할 방법을 끊임없이 연구해야 한다.

필자는 '한국온라인광고연구소'에서 연구소장으로 일하고 있다. 회사 이름에 〈연구〉라는 단어를 넣어 강조한 이유는 광고에는 '정답이 없기' 때문이다. 광고 업계에 종사하는 사람들은 간혹 '이게 정답이라는 오류'에 빠지거나, '고집이 좀 있는 편'이라고 생각한다. 하지만 필자가 앞으로 제시하는 논리나 주장, 방법 등은 현재까지 13년 동안 해 왔던 산물을 토대로 이야기한 것일 뿐이다. 절대로 필자의 이야기가 정답이라고 주장할 생각은 없다. 결론을 말하자면 '매체별 광고 불변의 법칙은 존재하지 않는다는 것'이고, 광고의 8원칙과 같이 개념이나 원론적인 부분만이 불변의 법칙이라는 것이다.

따라서 이 책은 여기저기 뿌려지는 흔한 광고나, 효과를 기대하기 어려운 광고를 만드는 데 도움을 주려고 쓴 책이 아니다. 단순히 매출에만 끌려다니는 광고가 아닌, 진짜 가치를 빛나게 해 주고, 가치를 높일 수 있는 광고를 만드는 원칙에 관한 책이다. 이 원칙을 배운 뒤에 새로운 지평이 열리게 될 것이며, 광고를 바라볼 때면 늘 이 원칙이 떠오를 것이다.

필자의 책은 광고에 관심이 있는 초보자부터 숙련자까지 다양한 독자가 쉽게 이해할 수 있도록 쉬운 단어로 쓰였다. 1장에서는 간략한 통계나 에피소드를 통해 광고의 8원칙에 대해 접근한다. 2장에서는 광고란 무엇인지, 광고를 대하는 자세와 광고 철학, 사상을 설명한다. 3장에서는 가장 중요한 광고의 8원칙에 대해 상세하게 풀어서 설명해 준다. 4장에서는 앞서 설명한 8원칙을 여러 매체별로 적용해 독자의 이해를 돕는다. 5장에서는 광고를 진행하는 주체를 네 가지로 나누어 광고 진행 시 고려해야 할 사항과 성공 비법에 대해 짚어 준다. 마지막 6장에서는 광고와 마케팅의 차이를 설명해 주고, 특허로 출원된 마케팅 기법인 오케팅을 간략히 소개한다. 광고 이론을 처음 접하는 독자도 가볍게 술술 읽을 수 있을 것이다. 단, 원칙에 관한 부분은 절대로 가벼이 넘기지 말고 '고객 중심, 원칙 중심'으로 사고하여 여러 번 읽고, 눈에 보이는 모든 광고에 대입해 보자.

이 책을 통해 원칙을 지킴으로써 앞으로 '광고의 존재'와 '광고인의 존재'가 모든 사람에게 더 높이 평가받기를 바란다. 더불어 누구나 '광고는 꼭 필요하고 고마운 상품'으로 인식하기를 진심으로 바란다. 더 나아가 소비자에게서 '다행히 광고가 존재해서 이런 좋은 것들을 알게 되었고 감사하다'라는 말이 나오길 소망한다.

차례

CHAPTER 1

오두환의 광고 철학

CHAPTER 6
같지만, 확실히 다른 기법

오두환의
광고 철학

01

불변의 광고 이론, 광고의 8원칙

·

·

·

'광고 불변의 원칙', 필자는 이 책에서 말하고자 하는 광고의 8원칙을 이렇게 부른다. 모든 광고는 이 8원칙의 의식적 흐름을 피해갈 수 없다. 광고를 설계하고 집행할 때 이 원칙이 얼마나 잘 지켜졌느냐에 따라 광고의 효율을 가늠할 수 있다.

광고의 8원칙은 아주 단순하지만, 반드시 필요하고 지켜져야 할 규칙이다. 지금 주위를 둘러 보자. 생각보다 많은 곳에서 우리는 이 원칙이 적용되었는지를 확인해 볼 수 있다. 우리가 손안에 항시 쥐고 있는 핸드폰이 대표적인 물건이다. 또 집에 들어와 컴퓨터를 볼 때도 적용해 볼 수 있으며, 소파에 앉아서 TV를 볼 때도 모든 화면에서 이 원칙이 적용되었는지 확인해 볼 수 있다.

특히 지금은 광고로 돈을 버는 시대라 해도 과언이 아니다. 모바일에 존재하는 수많은 애플리케이션이나 플랫폼도 결국 광고를 실음으로써 더 많은 수익을 창출하기를 꿈꾼다. 유튜브나 페이스북, 구글, 네이버 등도 마찬가지다. 전 세계적으로 막강한 영향력을 끼치는 기업체 모두 광고업을 함께 하고 있는 것이다. 광고의 8원칙은 위의 여러 가지 매체를 통한 광고뿐만 아니라 어떠한 광고 형태에 대입해도 모두 적용할 수 있다.

당신이 필자의 책에 관심을 보이고 책장을 열었다는 것은 이미 광고에 관심이 있다는 것이다. 광고비를 쓰고 있는 광고주든, 광고를 업으로 삼고 있는 광고업종 종사자든, 광고를 배우려고 하는 학생이든 말이다.

그렇다면 이 책을 잘 선택했다. 이 책은 지금까지 당신이 보아 온 모든 광고를 평가할 수 있는 기준을 제시한다. 단언컨대, 현재 국내에서 이렇게 '광고의 8원칙'을 주장하는 책은 단 한 권도 없으며, 이 책은 광고를 평가하는 기준과 광고가 나아가야 할 방향까지 알려 준다.

이제 이 8원칙을 배우게 되면 여기저기에 떠도는 광고를 절대로 그냥 지나치기 힘들어질 것이다. 원칙을 생각하며 대입하는 순간, 분명 부족한 것이 보일 것이기 때문이다.

그럼 먼저 광고의 8원칙에 대해 간략하게 설명하고 시작하도록 하겠다. 우리는 광고를 잘하고 싶은 사람이기도 하지만, 항상 그런 광고에 휘둘려 구매하는 소비자이기도 하다. 따라서 소비자의 관점에서 8원칙을 이해해 보자.

소비자 관점에서 본 **광고의 8원칙**

당신은 어떤 곳에 있는 광고를 바라보았다.

무언가에 끌려 다가간다.

그 앞에서 생각한다.

그런 제품류에 대한 구매욕이 생겨 필요하다고 느낀다.

그 제품이 유독 좋아 보여 소망하게 된다.

제품을 구매하게 된다.

만족한 정보들을 바라보고 본인도 심리적으로 만족하게 된다.

만족한 정보를 지인에게 알려 주고 싶어져 전파하게 된다.

광고를 본 소비자의 의식의 흐름과 행동 패턴

그렇다면 이제 광고인의 관점에서 8원칙을 이야기해 보자. 먼저 본인이 광고주나 광고업 종사자, 또는 광고를 배우는 학생이라고 생각해 보자. 현재 배우거나, 하고 있거나, 하고 싶은 광고에 다음의 8원칙을 대입하여 간략하게 시뮬레이션을 해 보길 권장한다.

1원칙: 그것을 바라보게 하라

광고가 보이는 위치를 말한다. 어디에 광고가 보이길 원하는가. 누가 보길 원하는가. 보이는 비용과 보이는 위치와 시간을 고려하여 바라보게 만들어라. 내가 원하는 대상의 눈에 더 잘 보이게 하려면 어떻게 하는 것이 더 효율적일까?

2원칙: 그것에 다가오게 하라.

다가오도록 만들기 위해서는 무엇인가에 끌리게끔 만들어야 한다. 끌리게 만드는 요소를 수집하고, 그것이 바라보게 하는 장소에 부합하는지를 검토해 보도록 하자. 효과적으로 다가오게 하려면 어떤 방법을 쓰는 것이 좋을까?

3원칙: 그것을 생각하게 하라

갸우뚱하게 만들어 보자. 어떤 방식이든 좋다. 다가오게 만든 후에 그 사람이 조금 더 머물러 먹고 싶거나, 누르고 싶게 만들어야 한다. 누구나 구매전에 반드시 고민의 시점을 거치는데, 그 시작점에 비유해 볼 수 있다. 어떻게 하면 생각하는 시간을 갖게 할 수 있을까?

4원칙: 그것이 필요하게 하라

팔고 싶은 것이 무엇이든 카테고리의 장점은 존재한다. 그 카테고리의 매력을 발산하는 것이다. 본인과 관련된 업종의 카테고리는 무엇인가? 그 카테고리의 장점이나 그것을 연상시키는 문구가 있는가? 어떻게 하면 필요하게 만들 수 있을까?

5원칙: 그것을 소망하게 하라

당신이 광고하고자 하는 그것이 지닌 매력을 어떻게 강조할 것인가. 다른 곳으로 가지 못하도록 그것에 끌리게끔 만드는 요소를 제시해야 한다. 단순히 장점만 나열해서는 안 된다. 경쟁자들도 이미 그렇게 하고 있을 것이기 때문이다. 어떻게 하면 소망하게 만들 수 있을까?

6원칙: 그것을 구매하게 하라

당신은 소비자가 얼마만큼 쉽게 구매할 수 있는 시스템을 갖춰 두었는가. 광고를 보고 구매하고 싶어지게 만든 소비자를 그것을 구매하지 못해 며칠간 전전긍긍하게 할 것인가, 마음이 식기 전에 구매하도록 만들 것인가. 어떻게 하면 보다 쉽게 구매하게 만들 수 있을까?

7원칙: 그것에 만족하게 하라

소비자의 만족이란 무엇일까? 소비자는 꼭 완벽하게 만족하지 않아도 만족한다고 느끼게끔 해 주면 그것으로 만족한다. 제품에 대한 만족도가 전부가 아니라 만족한다는 인식을 심어 주어야 하는데, 당신은 과연 어떤 방법을 통해 만족하게 만들 수 있겠는가?

8원칙: 그것을 전파하게 하라

소비자는 좋다고 인식하면 이후 전파하고 싶어진다. 그런데 단순히 전파하고 싶다고 해서 전파하는 것은 아니다. 전파하게 만들기 위해 반드시 그에 맞는 공식과 준비된 시스템이 필요할 것이다. 소비자가 어떻게 전파하게 만들 수 있을까?

시작부터 광고의 8원칙을 모두 알려 주었다. 이 내용은 3장에서 더욱 상세하게 풀어서 자세히 설명해 준다.

만약 현재 진행하고 있는 광고가 있다면 필자가 앞서 언급한 8원칙을 우선 적용하여 검토해 보길 바란다. 혹은 지금껏 광고가 나갔던 지면이나 방송, 배너, 홈페이지 등을 찬찬히 살펴보자. 집행했던 광고 중에 문제점을 발견하거나, 추가적인 의문이나 개선점이 반드시 나타날 것이다. 그런데 그것이 당장 중요한 것은 아니다. 결국, 중요한 것은 발견한 문제점을 발판 삼아 앞으로 광고 해법을 계속 마련할 수 있는 사고력을 기르는 것이다.

필자 역시 현직에서 광고를 업으로 삼고 있다. 8원칙 중 2~3개의 원칙만 어긋나더라도, 광고 효율이 절반 이하로 줄어들 수 있으므로 현재 필자 회사의 모든 직원은 이 기법을 중심으로 광고를 제작하고 있다. 그러나 끝까지 완벽한 정답을 발견해 내지는 못한다. 다만 현재에도 광고를 제작할 때 기준점으로 삼는 8원칙이라는 척도에 맞춰 최대한 노력할 뿐이다.

그러나 원칙을 완벽히 지켜야만 한다는 것은 아니다. 어느 원칙을 충분히 대입하였는데 문제가 되는 타당한 사유가 있을 때만 1~2개 정도는 무시하도록 권장하고 있다. 독자 역시 이 기준에 맞게 광고의 8원칙을 대입하고, 적용해 나가길 바란다.

02
매출 하락은 반드시 광고의 문제다!

·

·

·

    문화체육관광부가 2020년 3월에 공개한 2019년 광고산업통계조사 결과, 국내 광고산업이 모바일 광고의 급성장에 힘입어 성장세를 지속하는 것으로 파악됐다. 2018년 광고 사업체 취급액 기준 국내 광고산업 규모는 전년보다 4.9% 증가한 '17조 2,119억 원'이다. 같은 해 경제성장률이 2.7%인데 비해 광고산업 규모는 4.9%의 성장률로 거의 1.8배가 넘는 수치로 커진 것이다.

    경제성장률 대비 광고산업 성장률이 더 큰 폭으로 상승한다는 점은 광고비가 꼭 매출 상승을 보장하지는 못한다는 것을 증명한다. 광고비가 경제성장의 2배에 가까운 금액만큼 오르고 있으니, 가격 대비 효율이 떨어지는 것은 당연한 결과다. 즉, 경쟁하는 매체(광고 위치)와 업체(광고주)는 정해져 있는데, 비용만 오른 셈이다.

옥외광고업(11.4% 하락)을 제외한 모든 분야에서 광고 제작업(1.7% 상승), 광고 대행업(3.4% 상승), 광고 전문 서비스업(5.5% 상승), 인쇄업(9.3% 상승)의 순으로 비용이 상승했다. 특히 온라인 광고 대행업은 16.9%가 상승하여 압도적인 상승폭을 기록했다. 이러한 이유로 광고비를 논하려면 각 업종에 맞는 분석이 필요한 것이다.

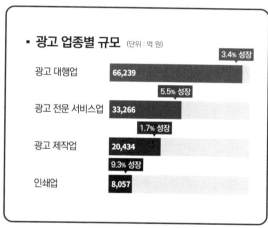

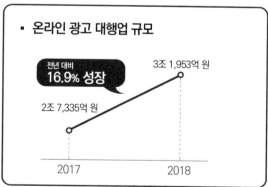

광고산업 성장률

이처럼 광고비의 규모는 해마다 기하급수적으로 커지고 있다. 앞으로 더욱 커지게 될 것이고, 효율은 줄어들 것이다. 큰 틀에서 보면 인구수(구매자)는 줄어들고, 팔고자 하는 곳(판매자)은 더 늘어나고 있다. 특히 업종이 좀 된다 싶으면 쏠림 현상까지 겪게 된다. 그때부터는 가격 경쟁이 갑자기 시작되고 광고 규모의 싸움으로 번지게 되기도 한다. 사업체를 설립해 투자받은 돈으로 제일 많이 지출하는 비용이 광고비이고, 광고비 때문에 투자를 받는다는 설이 돌 정도로 광고비에 과하게 의존하는 것이 현실이다. 하지만 중요한 것은 광고 비용이 아니다. 광고를 통해 매출이 상승하느냐, 혹은 광고비에 못 미치는 결과를 내느냐는 결국 광고의 8원칙을 제대로 따랐는지에 달려 있다.

필자에게 하소연하던 한 호텔을 가장한 모텔의 운영자 이야기를 소개할까 한다. 그 운영자는 유명 중개 업체로 잘 알려진 '놀자판', '저기어때' 등에 매달 일정 광고를 하고 있었다. 잘 만들어진 광고로 마케팅을 잘하고 있는 곳이기에 플랫폼 자체는 좋은 편이라고 볼 수 있다. 또 매달 여러 곳에 고정적인 광고비를 지출하고 있었다. 그러나 광고에 사용된 사진은 비슷한 지역의 다른 호텔과 비교했을 때 전혀 매력적이지 못했다. 직접 찍은 사진으로 추측되어 물어봤지만, 아마추어 작가가 찍어준 것이라고 했다. 결론적으로 돈을 좀 더 주더라도 사진을 제대로 찍었어야 했다. 즉, 광고의 2원칙 '다가오게 하라', 5원칙 '소망하게 하라'

를 따르지 못한 것이다. 여기에 후기 역시 좋지 않았다. 7원칙 '그것에 만족하게 하라'도 지키지 못한 것이다.

하지만 더 큰 문제는 따로 있었다. 업체 전화번호가 잘못 표기되어 있었다. 그런데도 앱으로 신청을 하는 경우가 많았기에 그나마 손님이 오기는 한 모양이다. 그런 상태로 무려 3~4개월 동안 방치되었다. 중간에 앱으로 예약하고 취소하는 경우가 제법 있었다고 했는데, 예약하고 전화했더니 없는 번호라고 나와서일지도 모른다고 추측된다. 중간에 전화번호가 바뀌면서 발생한 문제인데, 계속 점검을 했다면 이런 경우는 절대로 있을 수 없다. 이것은 필자의 6원칙인 '구매하게 하라'를 지키지 못한 것이다.

광고에 대한 점검과 변경은 아무리 강조해도 지나치지 않다. 각종 '대형 포털'은 매 순간 어떻게 하면 고객에게 더 친숙하게 접근할 수 있는지를 연구한다. 그에 맞는 플랫폼을 만들고 때로는 없애기도 한다. 요즘은 아예 베타 버전이라고 하여 상품을 내놓고 그에 대한 호응을 살핀 뒤 지속할지 말지를 결정하기도 한다. 그에 따라 확정적인 매출을 발생시키는 곳들을 제외하고는 광고비도 계속 물 흐르듯이 달라져야 한다. 1원칙인 '바라보게 하라'의 위치를 군이 특정 영역에만 한정시킬 필요는 없다. 다양한 위치에서 기발한 방법으로 바라보도록 만들기 위해서는 어떻게 해야 할까. 앞서 광고비를 끊임없이 지출하라고 이야기했다. '그런데 왜 고객들은 사지 않는 걸까?'라는 질문도 끊임없이 던지기를 권장한다. 분명 그 해답은 광고의 8원칙에 있다. 고객들이 사지 않는 이유는 바로 우리의 광고가 문제이기 때문이다.

보험 업종에 종사하는 광고주와 있었던 일이다. 그 광고주는 제법 이력이 괜찮고 학벌도 좋았다. 그리고 여러 가지 상을 받은 자료 등도 보유하고 있었으며, 인상도 매우 멋있는 편이었다. 그는 마케팅하는 데 있어서 전체적으로 연결고리가 너무 없다고 하소연을 했었다. 당시에 주력으로 하는 홍보 수단이 무엇이냐고 물었더니 카페 회원을 추출하여 대량 메일을 발송하고 있다고 말했다. 본인의 프로필과 함께 말이다.

보험 업종은 이야기를 들었을 때 바로 거리를 두게 되는 업종이기도 하다. 무언가를 계속 권유할 것 같고, 함께 대화의 장에 앉아 있는 순간에도 부담스러운 게 사실이다. 게다가 그 광고주는 스팸메일을 지속해서 발송하여 본인의 프로필과 전화번호를 함께 뿌렸다. 필자는 해당 마케팅 수단(스팸메일은 생각만 해도 유쾌하지 않다. 아직도 필자의 메일함에 수백 통의 메일이 지워지기를 애타게 기다리고 있다.)을 추천하고 싶지는 않았다. 그럼에도 발송되던 이미지를 신뢰가 가는 이미지로 바꾸고 가족사진도 함께 넣었다. 메일의 시작을 불편하게 해 매우 죄송하다는 문구로 바꾸고, 광고주가 처한 환경을 먼저 브리핑했다. 그리고 채널을 개설하여 고객을 그쪽으로 이동시킴으로써 클레임을 해소하거나 좋은 연결(소통) 수단이 되도록 도와주었다. 당연히 이전보다 매우 좋은 성과를 올리게 되었으나, 이 또한 몇 개월 동안의 정답일지도 모른다. 고객은 쉽게 질리기 때문이다.

위의 상황에 8원칙을 적용해 보자. 메일을 보냄으로써 바라보게 하는 것, 끌리는 메일의 제목으로 다가오고 보게 만드는 것, 여러 기법으로 궁금하고 생각하게 만들어서 메일을 누르게 하는 것, 카테고리인 보험이 필요하게 하는 것, 그 보험을 끌리게 만들고 선택하게 만드는 것, 그 보험을 바로 구매하기 쉽게 만드는 것, 다른 공신력 있는 정보나 후기를 보여 주어 미리 만족하게 만드는 것, 정해진 장점과 스토리를 알려주어 전파하게 만드는 것. 이런 식으로 각 접점에 대해 이해하고, 그 접점을 의식적으로 좋게 만들어 가는 과정을 거쳐야 한다.

메일링을 염두에 두는 업체들은 상당히 많다. 필자의 메일함 외에 지금 이 글을 읽고 있는 독자들도 메일함이 풍성한 뷔페처럼 넘치고 있을 것이라 생각한다. 심지어 종류도 다양하고 현재 유행하는 업종의 코드를 '받은 메일함'을 통해 읽을 수 있을 것이다.

하지만 생각보다 많은 사람이 광고 메일을 받으면 화부터 낸다. 메일 시스템을 관리하는 포털사에서 원래 존재하지 않던 신고 버튼을 맨 윗부분에 만들어 둔 것도 그 이유다. 심지어 받는 사람의 아이디도 불법으로 수집된 경우가 대다수다. 개인정보 보호법 위반 소지가 다분한데도 말이다. 가격도 절대 싸지 않다. 불법 프로그램으로 DB(고객의 정보)를 수집하고, 1천 건당으로 측정하여 비용을 지출하도록 한다(수신 비용인 경우도 있다.). 1%의 고객이 읽어 본다고 가정하면 싼 편이지만 역효과가 날 수도 있고 오히려 브랜드 이미지 타격과 같은 악영향을 미치는 경우도 많으니 이 방법은 여러 부분에서 검토하고 경계해야 한다.

그렇지만 스팸메일이 계속 온다는 것은 그만큼 효과가 있다는 것을 반증하는 것이기도 하다. 따라서 이 방법으로 광고하려고 마음먹었다면 반드시 위에서 조언한 것 중 하나인 화를 내는 고객과도 소통할 수 있는 창구를 반드시 만들어 두자. '잠자는 사자'의 코털을 뽑았으니 물리는 것은 당연하다고 여기자. 그리고 그런 안티 고객을 잘 수습하여 대응한 결과를 다른 사람도 볼 수 있게 해 두자. 단 한 개의 예에 불과하지만 이런 식의 발상을 계속한다면 더 많은 고객이 긍정적으로 구매해 주는 것을 기대해 볼 수 있다.

통계 기관이나 리서치 기관에서는 늘 소비자의 검색 패턴이나 이동 경로 등을 수치화해서 결과를 추측하려 한다. 요즘 해외의 유명한 포털이나 매체에서 많이 도입하고 있는 '고객 행동 빅데이터' 등도 이에 해당한다. 광고 패턴이 매번 일정하다면 이런 빅데이터나 통계조사 따위는 애초에 존재할 필요도, 가치도 없다. 보통 사람의 시선은 위에서 아래로, 왼쪽에서 오른쪽으로 이동한다는 등의 이론도 점차 패턴이 변하고 있다. 더불어 모바일 시대로 바뀌면서 시선의 이동보다 시선을 잡아끄는 다각적인 접근이 더 중요해지고 있다. 다만 불변하는 광고의 8원칙처럼 의식의 흐름만은 어떤 광고를 막론하고 변하지 않는다.

그러나 이러한 광고의 8원칙에 앞서, 고객이 사게 하려면 업종을 먼저 분석하고 쉽게 살 수 있는 환경을 조성해 주어야 한다. 살 수밖에 없는 환경은 관심이 없던 고객의 마음도 흔들어 볼 수 있고, 고객이 원하는 가치를 제공할 수도 있고, 고객이 사게끔 반쯤 강요하는 상황으로 이어질 수도 있다.

그리고 광고의 효율을 떠나서 '과연 나라면 이것을 이 가격에 사겠는가?'라는 질문을 끊임없이 던져야 한다(가격에만 국한되지는 않는다.). 특히 '소망하게 하라'인 5원칙은 합리적인 가격을 구성하거나 제안하는 데 도움이 될 것이다. 내가 사고 싶지 않은 제품을 남이 사 주길 바라는 것은 억지다.

또한 '끊임없이'라는 말에 주목하라. 지금은 소비자가 이것[1]을 사고 싶어 해도 경쟁업체가 생기거나, 소비자의 흥미가 떨어지는 시기가 반드시 온다. 그래서 우리는 현실에 안주하지 말고 끊임없이 질문을 던지고 본인도 사고 싶게끔 만들어야 한다. 광고의 8원칙을 설계하는 동안 계속 이러한 고민을 함께 곁들여야 한다. 만약 이런 고민이 빠져 있는 광고를 만들어 배포했다면, 매출의 하락은 반드시 광고의 문제일 것이다.

---

1 꼭 제품이 아니더라도 사업자가 제공하려는 가치를 뜻한다. 그것이 의료나 서비스, 혹은 정책이든 마케팅하려는 본질적인 것을 말한다.

03
광고 회사는 언제나 예스맨이다

·

·

·

　필자는 광고의 뜻을 光(빛 광)에 高(높을 고)라고 생각한다. 기본적으로 광고는 광고주가 이루고자 하는 목표나 업체를 빛나게 해 주고, 높여 줘야 하는 것이 그것이 존재의 가치이며 자부심이라고 보기 때문이다.

　그런데 요즘은 광고대행사가 너무 많은 것 같다. 어떤 광고를 하느냐에 따라 천차만별이지만, 존재 자체가 화가 나는 광고대행사도 많이 봤다. 최소한의 직업의식조차 없는 몇몇 광고대행사의 만행으로 대다수의 기업체나 사업에서 혀를 내두르는 경우를 보게 된다.

　"두 번 다시 광고를 안 하려고 했어요, 마지막이라고 생각하고 했는데 정말 다행입니다."라는 분들을 뵙다 보면 참 안타까울 때가 많다. 비단 광고업계뿐만 아니라 이 글을 읽는 독자들 역시 본인들이 종사하는 업계에도 그런 곳들이 있기 때문에, 함께 평가절하되는 경우를 많이 겪어 봤으리라 생각한다.

　필자가 초기에 입사했던 한 광고대행사에서 있었던 일이다. 당시 필자는 보람과 열정 하나로 하던 일을 모두 그만두고, 마케팅에 뛰어들었다. 부동산 쪽의 중견급 광고대행사였는데 특집기사를 내주고 분양을 추천하거나, 파워링크 등을 걸어 주고 어마어마한 광고비를 받는 업종이었다.

　필자는 회사의 막내였고, 뭔가 의견을 제시하기는 어려운 위치였기에 주어진 업무를 하며 새로운 기획안을 만들고 있었다. 분양 내용과 기사, 장단점의 내용을 정리하고 시각화해서 비교하며 열심히 분석했다. 당시에는 광고주가 잘되도록 최선을 다해 도와주고, 그 결과에 만족하며 함께 신날 수 있으리라는 환상에 젖어 있던 것 같다.

　그런데 담당 팀장의 재촉이 시작됐다.

　"두환아. 대충 내보내. 어차피 10건 계약했으니 10건 빨리 소진하면 끝이야."

　그랬다. 당일 받은 5천만 원이라는 광고비를 1주일 만에 소진해야만 팀장과 과장은 돈을 버는 구조였다. 즉, 광고주가 광고비를 더 쓰게 만들어야 돈을 버는 구조. 광고주가 잘되든 안 되든 그건 둘째 문제인 것이다. 잘 안 되면 광고비를 덜 써서 그런 거니 더 쓰라고 하면 된다. 구조 자체가 그러했다. 필자가 생각하던 것처럼 광고주와 대행사가 끈끈

하고 유기적인 원원(win-win) 구조가 되기에는 서로 너무 다른 길을 가고 있었다. 함께 무언가를 이루어 간다는 것이 허황한 발상이었는지도 모른다.

그리고 어차피 업계에 광고할 사람은 많으니 또 다른 누군가를 영업해 오는 것이 그들의 주된 업무였다. 광고 효과가 크지 않을 것이라고 확신이 들면, 빨리 다른 곳을 찾아 영업하는 것이 본업이 되어버린 것이다. 그렇게 그들은 몇몇 광고주에게 더 많은 광고비를 요구하게 되고, 결국엔 그 광고주와 작별하게 된다. 그런 광고 회사는 언제나 예스맨이다. 무엇이든 다 해 주겠다고 허황한 약속을 하기 때문이다.

필자는 마케터로서, 광고인으로서 살아가면서 좋은 점이 있다. 어디를 가더라도 당당히 "저는 한국온라인광고연구소 오두환 연구소장입니다."라고 말하면 조금은 대우를 받는다는 점이다. 이때 대우의 밑바탕에는 '잘하면 도움을 받을 수 있다'와 '잘못 보이면 역으로 안 좋게 홍보될 수도 있겠구나'라는 양면이 깔리게 된다. 비슷한 예로 '~기자입니다', '~조사원입니다', 'ㅇㅇ맘카페 ~대표' 등이 있다.

그중 실제로 제대로 된 광고대행사는 그만큼의 힘과 파급력을 가지고 있다. 여기에는 알고리즘, 홍보 채널, 노이즈, 스토리 등 많은 무기가 존재한다. 상대방의 홈페이지나 블로그, 카페를 통해 홍보를 해 주거나, 반대로 공격을 해서 노출이 되지 않게 하는 것도 가능하다. 또한 좋은 소문을 퍼뜨리거나 안 좋은 소문을 퍼뜨리기에도 매우 쉽다. 언론 쪽 채널을 비롯해 각종 매체와 방법들은 매우 다양하다. 그런 힘을 악용하여 광고주들을 괴롭히는 악덕 광고대행사들도 생각보다 많다.

심지어 〈디지털 장의사〉나 〈브랜드 관리사〉 등과 같은 업종도 많이 생기고 있다고 한다. 이들은 여러 형태의 안 좋은 글이나 이미지를 지워 주거나, 악명 브랜드 관리 또는 개인정보보호 등을 해 준다. 일명 블로거지(블로그를 이용한 갑질 고객), 맘충(맘카페를 이용한 갑질 고객) 등의 반대 사례라고 볼 수 있다. '사실이 아닌 가짜나 과장된 내용'으로 본인의 업체가 피해를 보는 일은 없어야 하지 않겠는가.

필자가 광고 일을 시작한 이래 제일 다급한 전화를 받았던 일이 떠오른다. 새벽 시간대였다.

"소장님, 저 큰일 났습니다. 좀 도와주세요!"

"왜 그러십니까? 누구시죠?"

처음 걸려 온 번호였고, 누군지도 모르는 분이었다. 아는 분의 소개로 어찌어찌 연락을 주신 것이다. 사연은 이러했다. 동네 산부인과 의원을 운영하는 원장님인데, 한 여성 환자가 불만이 있어서 씩씩거리면서 돌아갔다고 한다. 이후 맘카페와 블로그 등에 악성 글과 댓글을 쓰고, 보건소에 민원까지 넣으며 계속 못살게 굴고 있다는 것이다. 게다가 원래 광고대행사를 통해 광고를 진행하고 있었는데, 환자가 그 광고대행사에도 연락해서 괴롭힌 것이다. 그래서 광고도 중단되고 홍보가 진행되던 모든 매체의 글도 일시에 사라져 버렸다고 한다.

원칙적으로 광고대행사는 광고주가 그런 위기 상황에 부닥칠 경우, 최대한 적극적으로 대응하고 해결 방안을 제시해 주어야 한다. 그래야 함께 잘 될 수 있기 때문이다. 당시 필자는 여러 방법을 찾아 화가 난 고객의 마음을 진정시켰다. 그리고 보건소 민원에 대한 법률적 자문이 담긴 답변서, 맘카페에 올린 글과 댓글에 대한 병원 측 대응 댓글을 배포했다. 다른 사람인 척하지 않고 병원으로서 죄송하고, 문제점에 대해서는 좀 더 잘하기 위해 이렇게 바꾸었다는 내용이었다. 또 새롭게 홍보 전략을 구상하여 기존 채널과 신규 채널을 병합함으로써 환자가 방문할 수 있는 통로를 닦게 되었다.

그전에 함께하던 광고대행사는 오히려 '돈만 받으면 되는데 받아야 할 돈도 덜 받게 되었다.' 혹은 '우리가 가지고 있는 돈에 대해 공격을 받는다.'라고 생각이 드니 바로 돌아선 케이스다. 그들을 탓하자는 것은 아니다. 사실 '꼬리 자르기 전략'은 각종 병법서에도 자주 등장하는 전술 중 하나다. 하지만 어느 정도 좀 도와줬으면 어땠을까 하는 아쉬움이 많이 남았다.

당시 원장님은 그 문제만으로 1개월 이상 매출이 감소하고, 몇 년간 진행되었던 광고는 비공개되고, 대외적인 이미지 손상에 정신적 고통까지 받는 등 큰 손해를 입었기 때문이다. 물론 그 글을 올린 여성분을 이해하지 못하는 것은 아니다. 객관적으로 봤을 때 병원 측 과실이 70%쯤 되어 보였으니 말이다. 다만 그 사실 하나만으로 다른 좋은 사실들이 묻혀 피해를 보거나, 다른 장점들이 많은데도 환자들이 이용하지 않아 그곳의 혜택을 누리지 못하게 된다면 그것 역시 안 좋은 일이라고 본다. 물론 병원이 초기에 적절하게 대응을 했거나 후속 조치라도 제대로 했다면 더 좋았을 것이다. 대행사도 이러한 흐름을 잘 알고 있을 테니 적절한 조언을 해 주는 것이 맞다.

광고대행사에 이처럼 안 좋은 유형들이 있음에도 불구하고 우리는 그들과 친해져야만 한다. 누군가는 각자의 분야에서 잔뼈가 굵은 전문가인 것처럼, 그들 역시 그 일을 천직으로 생각하는 그 계통에서만큼은 전문가이기 때문이다.

모든 광고를 직접 할 수는 없다. 그래서 대행사를 고르는 중요한 팁을 알려 주자면 절대 대행사 영업 사원의 말에 속지 말라는 것이다. 영업 사원은 실제로 실무를 거의 모르는 경우가 많다. 알고 있다 해도 '새로운 비전을 제시'하는 등의 일은 할 수 없다. 그냥 단순히 '본인이 팔고 있는 광고 상품에 돈을 써라'가 전부이기 때문이다. 그들은 그 광고가 제대로 되어서 효과를 볼지 안 볼지 전혀 관심이 없다.

우리가 식당을 가서 서빙 하는 직원을 믿고 먹는 것이 아니고, 병원에 가도 안내 데스크에 있는 직원을 보고 치료받는 게 아니지 않은가.

그러므로 반드시 광고의 실무 책임자나 총괄 직급자와 심도 있는 대화를 하길 권장한다. 진짜 전문가와는 이야기하지 않고, 전문가를 가장한 영업 사원만 만나서 광고를 진행하게 되면 위의 사례들처럼 마무리가 힘들 것이라고 장담한다. 최악의 경우 광고비를 탕진하다 못해 결국 폐업에 이르게 되는 경우도 발생할 수 있으므로 주의해야 한다.

광고대행사에 일을 맡기지 않아도 본인이 직접 제대로 할 수 있다면 좋겠지만 쉽지 않은 것이 현실이다. 그래서 대행사에 맡길 때는 실무 책임자와 충분히 이야기한 후에 신뢰가 생기면, 그대로 모든 책임을 그 실무 책임자에게 완벽히 위임하는 것이 제일 좋다. 단, 광고의 8원칙에 부합하는지, 그 8원칙 중 일부가 무시되어도 이해가 되는 상황인지, 계속 점검하는 과정을 거쳐야 한다. 절대 광고대행사의 먹잇감이 되길 자처하지 말자.

04
광고비를 벌어 주는 광고?

•

•

•

"광고는 돈 있는 사람들이나 하죠. 전 매출이 적어서 광고비 낼 생각은 엄두도 못 내요."

맞는 말이다. 광고비가 없으면 당연히 광고도 못 한다. 하지만 광고비는 만들 수 있다. 현재 수중에 없는 무형의 광고비는 광고를 함으로써 발생할 매출로 충당하면 된다. 그리고 광고 비용을 초과하는 매출이 추가로 발생하면 본인에게 더 큰 이득이 될 것이다.

이런 이야기를 하면 '이게 대체 무슨 말도 안 되는 궤변인가?'라고 하는 분들이 간혹 계시다. 그런데 실제로 필자와 함께했던 많은 광고주가 그것을 증명해 주었다. 그리고 정상적인 형태의 광고를 진행했던 사람들이라면 이미 공감할 것이다. 그러므로 매출이 광고비 이상 나오지 않는다면 그 광고는 계속 유지할 필요가 없다. 이것은 광고 영역뿐만 아니라 보험, 월세, 간판 등과 같은 다른 영역에서도 이미 통용되고 있는 진리다.

예전에 지인이 갑상선암 판정을 받은 적이 있다. 천만다행으로 보험을 들어 놓았던 친구인데, 당장은 돈이 없어서 수술을 못 한다는 것이다. 병원에 치료비를 먼저 다 지급해야 그 이후에 보험사가 치료비를 주기 때문이라고 했다. 그렇다면 은행에서 대출을 받거나 카드를 이용해 먼저 지급하면 되지 않는가? 전액은 아니더라도 어차피 보험사에서 돈을 줄 테니 고민할 필요가 없는 일이다. 당장 돈이 없다는 이유로 암 치료를 미뤄서 고통을 받아서는 안 되는 것이다.

친구의 경우에는 해당이 안 되었지만, 만약 생명보험까지 들어 놓았다면 돈이 더 나오게 된다. 당연히 질병을 돈으로 환산할 수는 없지만, 병에 걸리고 치료를 함으로써 결국 돈을 쓴 게 아니라 벌게 된 것으로 볼 수 있다. 만약 치료비와 입원비로 천만 원을 썼다고 가정해 보자. 이 경우 실비보험으로 80%를 보상받고, 생명보험으로 80%, 진단비로 40%가 나오면 결과적으로 총금액의 200%인 2천만 원을 받게 되는 것이다.

광고나 마케팅에도 이와 비슷한 논리를 적용해 볼 수 있다. 먼저 치료비를 내지 않으면, 보험사로부터 치료비를 받을 수 없는 것처럼 '돈(광고비)을 쓰지 않으면, 돈(매출 상승)을 벌 수 없다.' 돈을 투자함으로써 결국 들어간 돈 이상의 이득을 볼 수 있는 것이다. 그런데 끝까지 돈이 없다는 핑계로 돈을 쓰지 않았을 경우를 가정해 보자. 결국, 사람이든 사업이든 큰 위험에 처하게 된다. 심지어 마케팅을 할 경우, 특별한 강점이 있다면 그것을 전파하게 만들어서 고객을 추가로 더 유치할 수도 있다. 그러면 사업 확장의 효과까지 생기니 고민만 하지 말고 일단 광고에 뛰어들어 보자.

광고의 종류는 셀 수 없이 많다. 그리고 우리가 준비해야 할 것도 많다. 제일 좋은 방법은 계속 여러 검증된 매체에 고비용으로 광고를 확장하는 것이다. 그러나 그 정도로 많은 광고비 예산은 대기업이라도 부담스러울 수밖에 없다. 따라서 우리는 지속해서 투자 대비 효율을 분석할 필요가 있다.

광고비를 차라리 고정적인 운영비에 포함하여 생각하면 더 쉽게 접근할 수 있다. 아무리 회사 사정이 어렵다고 해도 사업을 유지하는 데 필요한 기본적인 월세나 세금을 줄일 수는 없지 않은가. 또 자재비나 서비스 비용, 직원 인건비 등도 쉽게 건드리지 못하는 부분이다. 이런 것들은 원가에 포함되는 당연히 들어가는 비용이라고 생각하기 마련이다. 하지만 광고 비용은 그렇게 생각하지 않는 경우가 많다. 먼저 고정관념을 깨고 생각해 보자. 예를 들면 소비자가 길가의 광고판을 보고 가게에 들어오는 경우, 이 광고판에 들어간 비용을 월세에 포함된 것으로 생각하면 된다. 이것은 위치에 대한 마케팅 비용으로 1원칙 '바라보게 하라'를 실행함으로써 광고 효과를 내고 매출 상승으로도 이어질 수 있는 것이다. 다만 광고판만 믿고 안주했다간 점점 쪼그라드는 매출을 보게 될 것이다.

이렇듯 요즘 같은 시대에는 광고비를 어쩔 수 없이 나가는 돈이라고 생각해야 한다. 씨앗이 비싸다고 씨앗을 심지 않거나 적게 뿌리면, 결국 식물을 자랄 수도 없고 열매를 맺을 수도 없다. 이제는 60~70대들도 아무런 거리낌 없이 휴대전화로 인터넷 검색을 하고 유튜브나 카카오톡 등을 이용한다. 그러니 이쯤 되면 '광고는 필수'라는 점을 직감할 것이다. 다만 광고비는 월세 같은 운영비보다 더 치열하게 효율적인 방식으로 써야 한다. 만약 지금도 광고비를 쓰고자 결심하지 못한다면 앞으로는 광고비를 쓸 좋은 기회조차 없을지도 모른다.

광고비를 써야겠다고 마음먹었다면 이제부터 어떻게 접근해야 할까? 먼저 대형 광고기획사를 생각할 수도 있다. 그런 데서 만들어진 광고가 상을 받아 이목을 끄는 경우가 많기 때문이다. 하지만 미국 월스트리트 통계조사에 따르면 상을 받은 광고의 80% 정도가 1개월 이내에 다른 광고로 전면 수정된다는 결과가 나왔다. 광고 자체가 기발해서 상은 받았겠지만, 결국 판촉과 광고 효율로는 이어지지 못해 비싼 제작비용을 포기하게 된다는 것이다.

요컨대 마케팅과 광고의 본질은 홍보를 통해 매출을 증가시키는 것이다. 그런데 이목만 끌고 효과를 제대로 보지 못한다면, 결국 안타까운 매출 결과로 인한 막대한 손실만 남게 되는 것이다. 보통 이런 고비용의 브랜드 광고는 이 글을 읽는 독자들이 당장 해야 하는 광고가 아니다. 중요한 것은 비싼 광고를 만드는 것보다 이미 가지고 있는 사소한 것들을 조금 달라 보이게, 특별해 보이게 만드는 것이다. 그렇게 계속 쌓아 가다 보면 나중에는 전체적으로 완전히 다른 색으로 탈바꿈되어 그것만으로도 매출 상승의 무기가 될 수 있다.

광고의 8원칙 중에서 1원칙에만 큰 비용을 계속 써서 투자할 것이 아니라, 나머지 7원칙에 비용을 고루 투자해 보자. 그러면 결과적으로 들어가는 총비용은 낮추고 광고 효과를 높이는 데도 도움이 될 것이다. 게다가 때로는 1원칙에 들어가는 비용의 절반도 안 되는 금액으로 나머지 7원칙 모두를 설계할 수도 있다.

예전에 닭발집을 운영하던 사장님이 있었다. 동네 가게인지라 규모도 크지 않고, 배달 위주로 운영이었으며 홀에는 테이블이 2개 정도밖에 없었다. 요즘은 배달 앱의 사용이 늘면서 배달 대행업체가 많아졌지만, 당시만 해도 그렇지 못했다. 사장님은 배달 직원을 따로 둘 여력이 없었으며, 부부가 함께 요리하고 배달하는 방식으로 힘들게 운영하고 있었다. 그런데 심지어 매출도 높지 않아서 어려움을 겪고 있다고 하소

연을 하셨다. 여기서 운영자가 직접 배달한다는 점은 특별히 장점도 아니고, 단점이라면 충분히 단점으로 여겨질 수 있다.

사실 이런 경우는 매우 흔한 편이다, 다만 조금만 다르게 생각해 보자. 필자는 '사장이 직접 배달하러 가서 고객의 소리를 듣고 개선한다.', '얼굴을 자주 뵈면 서비스도 드린다.', '홀에 자리가 꽉 차는 경우가 많아 배달을 이용하시면 더 편리하다. 심지어 맛집인데 기다리지 않아도 된다.' 등의 홍보문을 써 드렸다. 그리고 적극적으로 알리기 시작했다. 음식의 조리 과정을 동영상으로 찍고 배포하며, 닭발 배달 맛집으로 더 소문을 냈다. 심지어 직접 사장님과 만나 인증 사진을 찍는 이벤트도 진행했으며, 만족한 고객의 후기를 다시 재배포했다. 그러자 얼마 후 VJ 특공대를 비롯해 많은 방송 제의가 들어왔다. 그 결과 사장님은 정든 업장을 떠나 더 큰 매장으로 점포를 이전하셨다.

이런 단순한 광고는 상을 받을 만한 광고가 아니다. 약간만 다르게, 약점을 강점으로, 위기를 기회로 보이게끔 만든 것뿐이다. 이 방식이 처음부터 효과를 본 것은 아니다. 시간을 들여 광고하고, 충성고객을 만들고, 중장기적인 서비스 전략(주문하지 않은 메뉴를 조금씩 넣어 주는 시식 서비스 등)을 테스트하고, 다시 그 내용을 알리기 위해 노력했다.

이런 사소한 것들을 꾸준히 고민하고 생각해서 조금이나마 당장 적용해 보길 바란다. 먼저 이런 콘셉트에 변화를 준 후에, 광고를 잘해야 조금씩 매출이 나아질 것이다. 5원칙의 '소망하게 하라'는 이런 일련의 과정들을 거쳐야 비로소 윤곽을 드러내고 만들어진다.

하지만 대다수 사람들은 '그냥 광고 좀 해 주세요', '블로그 해 주세요', '홈페이지 만들어 보려고요.' 등과 같은 단편적인 이야기만 하게 된다. 심지어 1원칙인 '그것을 바라보게 하라'가 광고의 전부인 줄 아는 사람들도 많다. 하지만 똑같은 내용과 똑같은 콘텐츠만 가지고 아무리 잘 보인다 한들 효율적인 광고 효과는 기대하기 어렵다. 엄청나게 높은 광고비를 지속해서 쓴다 해도 광고 효과는 시간이 지날수록 오히려 떨어지게 된다. 따라서 광고 비용만 늘리는 것은 결코 정답이 아니다.

앞서 이야기한 것처럼 돈을 쌓아두고 무조건 고비용으로 광고를 할 수는 없다. 따라서 우리는 버는 돈으로 광고비를 내는 데 더 신경을 써야 한다. 그렇게 보험금을 최대한 타 먹도록 하자. 보험사는 고객이 보험금 타는 것을 싫어하겠지만, 우리가 광고비를 써서 매출 올리는 것을 싫어할 사람은 없다. 오히려 고객은 더 좋은 가치를 적당한 가격에 받을 수 있기에 만족할 수 있다.

7원칙 '만족하게 하라', 8원칙 '전파하게 하라'를 지키기 위해 우리는 어떻게 하면 우리를 선택한 고객에게 더 좋은 가치를 제공할 수 있는지 고민해야 한다. 또한, 고객의 관점에서 내가 '팔고자 하는 무언가'가 '더 나은 무언가'가 되게끔 끊임없이 노력해야 한다. 광고 담당자도 그런 큰 가치에 중점을 두어 소망하게 만들 방법을 찾아내고, 제시해야 한다. 출시되자마자 대박이라는 것은 우연의 일치라고 봐야 한다. 초기 단계의 상품에서 머무르지 않고 상품을 계속 개선해 나가는 과정에서 더 좋은 것들을 만들어 내야 한다.

그 만들어 내는 과정을 홍보용으로 의도하되 적극적으로 홍보하기보다 우회전략을 사용하면 더욱 좋다. 광고는 알리는 것이 아니라 들키는 것이다. 입소문 형태의 광고를 8원칙에 맞게 최적화하고, 말하는 주체를 상황에 맞게 변형시켜 광고비를 계속 공짜로 받도록 하자.

즉, 우리는 매달 광고비 전액을 내주는 광고만을 찾아 집행해야 한다. 특히 광고의 8원칙이 적절히 적용되었을 때 돈을 더 벌 수 있게 된다. 단순히 광고비만 계산하지 말고, 효율이 좋은 광고비의 규모를 계산하는 것이 좋다. 월 매출이 5천만 원이라 가정하면, 광고 비용으로 1천만 원을 썼을 때 최소 2천만 원의 효과를 볼 수 있도록 세팅을 하면 된다. 여기서 발생한 2천만 원은 광고비로 1천만 원을 써서 얻게 된 돈이다. 따라서 결국 광고비로 1천만 원을 받고 광고를 한 셈이다. 그리고 신규 고객이 증가하면서 전파를 통해 소개를 받고 생기는 고객도 더 늘어날 기회를 얻을 수 있다. 간단하게 생각하면 광고 없이 매출이 5천만 원인 것과 광고비로 1천만 원을 써서 매출이 7천만 원인 것, 둘 중 어느 쪽이 더 이득이겠는가?

발화점을 예로 들면 물은 99도까지 끓지 않다가 100도가 되어야 끓기 시작한다. 그러므로 최소한 100도가 될 때까지는 즉, 광고 효과가 나타나기 시작할 때까지는 계속 광고비를 써 주는 것이 좋다. 아무리 질적으로 좋은 광고라 해도 효과가 나타나지 않는다면 아무 의미가 없기 때문이다. 그렇다고 무조건 투자 비용을 계속 늘리기만 해서는 안 되고, 광고 전략을 계속 점검하면서 변화를 주어야 한다. 오븐으로 닭구이를 할 때 180도로 구워야 하는데, 250도로 계속 굽게 되면 어떻게 되겠는가. 같은 돈을 쓰더라도 높은 효율을 유지할 수 있도록 조금씩이라도 광고 방식에 변화를 시도해야 한다. 광고비와 효율성을 생각하며 자신에게 맞는 최적의 황금비율을 찾아보자.

05
소비 습관의 저격수가 되어라!

·
·
·

습관은 무섭다. 습관처럼 우리는 어떤 행동을 하거나, 무의식중에 특정 행동을 계속 반복하기도 한다. 이러한 사소한 습관은 누구에게나 있다. 그러므로 중요한 것은 소비자의 공통된 습관을 찾는 것이다. 과연 소비자들은 어떤 방식으로 습관적인 구매를 하고 있을까? 자신을 본인 업종의 소비자라고 생각하고 습관적으로 어떤 행동을 하는지 생각해 보자. 아마 여러 가지 행동 패턴이 떠오를 것이다. 그리고 계속 생각하다 보면 아주 단순한 곳에서 힌트를 찾을 수 있을 것이다.

홈플러스 익스프레스에서 일하는 어느 지점장의 이야기다. 사람들이 매장에 들어오면 습관적으로 제일 많이 이동하는 곳이 있다고 한다. 사람들은 보통 입구 쪽에 진열된 상품들을 보고 습관처럼 매장에 들어오게 되고, 주부들의 경우 대부분 신선 제품 쪽으로 간다고 한다. 그리고 정육 코너와 음료 코너 등으로 이동하기 때문에 무엇을 어떤 위치에 진열하느냐에 따라 매출에 큰 영향을 준다고 한다.

또 주로 방문하는 시간대와 구매하는 물품에도 일정한 패턴이 있고, 지점마다 더 많이 판매되는 브랜드 종류도 다르다. 주부들과 다르게 젊은 사람들은 주로 커피 진열대부터 찾는 등 연령대별 소비 패턴도 다르다. 그래서 지역마다 주 소비자 연령층이 선호하는 제품을 더 많이 진열해 놓는다고 한다.

이처럼 오프라인 매장에서는 소비자의 습관을 연구하고, 그에 맞는 효율적인 전략으로 매출을 올리려고 노력한다. 그래서 주 고객의 연령대를 분석하고, 지역의 특성을 이해하여 다른 매장과는 차별된 전략(가격 할인, 1+1 행사, 포인트 적립, 사은품 증정 등의 판매촉진 전략)을 이용하는 것이다. 고시촌 인근 지역에서 물이나 라면류가 주력상품인 데는 다 이유가 있는 것이다.

특히 대형 매장들은 연휴 기간이 다가오면 수요가 늘어날 것을 예측하고 다른 매장보다 물품을 더 많이 진열하거나, 포장되지 않은 벌크 제품을 다량으로 확보해 단가 조정에 들어간다. 이런 식으로 단가를 낮추고, 품질이 좋은 물건을 미리 확보하면 5원칙인 '소망하게 하라'를 적용하기 편해진다. 또 이러한 몇 가지 전략적인 물품들로 인해 다른 물품도 모두 싸고, 품질이 좋을 것이라는 심리적인 효과도 볼 수 있다. 이것은 곧 7원칙 '만족하게 하라'와 8원칙 '전파하게 하라'로 이어지는 징검다리가 될 수도 있다.

백화점이나 아웃렛 건물 앞에 진열된 상품이 무언인가에 따라 그 동네의 구매력을 추측할 수도 있다. 습관적으로 건물 앞 진열대를 그냥 지나치지 못해 발길이 향하는 것이다. 빵집에서 빵을 굳이 출입문과 가까운 쪽에 진열하는 것도 비슷한 이유다. 사람들은 빵의 맛과 향을 기억하고 자신도 모르게 빵집으로 발길을 돌리기 때문이다. 이 일련의 과정은 바라보게, 다가오게, 생각하게, 필요하게, 소망하게, 구매하게 만드는 여섯 가지 원칙을 순식간에 지나간 셈이다. 우리는 이렇게 본인도 모르는 사이 광고를 바라보고, 그것에 다가가는 과정을 거쳐 습관적으로 구매를 하고 있다.

습관을 이해하고자 하면 살펴봐야 할 단어가 있다. 바로 '단골'이라는 개념이다. 이 글을 쓰는 필자도 습관적으로 이용하는 곳이 있다. 필자는 항상 머리카락 길이를 1mm로 고수한다. 습관적으로 파란 클럽에 가서 "1mm요!"를 외친다. 다른 곳으로 갈 생각조차 하지 않으며, 머리에 커다란 땜빵을 만들지 않는 이상 바꿀 계획도 전혀 없다. 그런 의미에서 필자는 이미 그곳의 충성고객이다.

보통 이렇게 사람들이 습관처럼 이용하는 곳을 '단골'이라고 부르는데, 웬만한 사람들은 어지간한 문제가 생기지 않는 이상 이 단골을 바꾸려고 하지 않는다. 다른 곳에 가야 할 이유를 찾지 못하거나 귀찮아하기 때문이다. 이런 사람들을 끌어오려면 무료 이벤트나 사은품 증정과 같은 매력적인 제안 등을 해서 자신만의 고객으로 만들어야 한다. 죽어라 하고 홍보했는데 정작 고객을 붙잡지 못한다면 아무 의미가 없으며 손해만 보기 때문이다.

만약 홍보할 수 없다면 이 고객들이 단골이 아닌 다른 곳을 찾을 때까지 기다려야 한다. 보통 고객들은 품질에 대한 만족도가 50% 이하로 떨어졌을 때, 다른 곳을 알아볼 준비를 한다. 바로 이때를 노려야 된다. 고객의 습관적인 패턴이 깨지는 순간이 우리가 진입할 타이밍이다. 하지만 이에 앞서 그들이 언제든 쉽게 다가올 수 있도록 꾸준히 전략을 짜고, 진행하고, 유지할 필요가 있다.

과거 사람들이 습관처럼 '다음(Daum)' 포털을 이용할 때가 있었다. 압도적으로 다음의 이용률이 높았고, 네이버(NAVER)는 10% 후반대를 유지하고 있었다. 그런데 다음의 주력 무기였던 메일(한메일)에서 큰 실수를 하게 된다.

고객은 습관적으로 메일을 주고받는데, 스팸메일에 대하여 제한을 두겠다며 '온라인우표제'를 실시한 것이다. 개인이나 사업자가 한메일 이용자들에게 메일을 보내려면 사전에 다음에 신고하고, 온라인우표를 구매하여 발송량만큼의 금액을 선지급해야 한다. 신고하지 않거나 우표를 구매하지 않고 대량 메일을 발송할 때는 해당 IP가 원천적으로 차단되기 때문에 한메일 이용자에게 메일을 발송할 수 없게 된다. 다음커뮤니케이션이 스팸메일 방지를 이유로 2002년 4월부터 시행한 이 제도는 결국 이용자의 감소로 이어졌고, 고객 유지에 실패한 가장 큰 원인으로 꼽힌다. 이것은 고객의 습관적 패턴을 스스로 무너뜨린 것이다.

이때 네이버에서는 같은 해인 2002년에 지식인 서비스를 도입했다. 이용자의 요구(needs)에 맞춰 검색 답변에 최적화된 상품을 내놓은 것이다. 이렇게 서서히 포털 시장의 판도가 바뀌었고 지금은 다음과 네이버의 순위가 완벽하게 뒤집혔다.

고객의 습관은 쉽게 바뀌려고 하지 않지만, 한번 바뀌면 다시 돌아가기 쉽지 않다. 우리가 습관적으로 네이버 쇼핑이나 카카오톡, 옥션 등을 이용해 무엇인가를 구매하는 패턴도 마찬가지다. 따라서 본인이 속한 업계의 주 고객들을 빼앗기지 않기 위해서는 그들이 어떤 구매 습관을 지니고 있는지 늘 고민하고 파악해야 한다.

자영업이나 사업을 하다 보면 매출이 떨어졌다고 느끼는 경우가 많다. 매출이 급감한 것을 바로 알 수 있다면 그나마 다행이지만, 세상은 그렇게 눈에 띄게 알려 주지 않는다. 마치 '냄비 속의 개구리'처럼 서서히 사그라져 가게 되는 것이다. 이런 경우 보통 사업주는 경제 상황, 명절, 업종에 대한 사회적 관심도 등에 원인이 있다고 생각한다.

예를 들어 특정 물건을 판매한다고 치자. 그런데 어느 날부터 갑자기 물건이 잘 팔리지 않는다. 하지만 다른 것은 변한 게 없다. '무엇이 문제일까? 경기가 좋지 않아서일까? 인근에 다른 비슷한 매장이 생겨서일까? 서비스가 불친절해서일까?' 이런 식으로 이런저런 원인을 생각하게 되는데, 사실 이 또한 현실에 안주하려는 습관의 일종이다.

하지만 그 원인을 다른 방향으로도 생각해 봐야 한다. 단순히 고객의 변심 때문이 아니라, 우리가 제공하고 있는 가치가 소비자의 구매 패턴에 맞지 않고 있음을 말이다. 자신이 제공하는 무언가는 반드시 고객으로부터 상대평가를 받는다는 것을 생각하자. 지금은 자신의 고객이 내가 제공하는 가치를 습관처럼 이용해 주고 있지만, 품질 만족도가 50% 이하로 떨어지는 순간이 올 수 있다. 혹은 타 업체가 '이목 끌기식 이벤트'와 '습관 바꾸기'에 성공하면 본인의 고객을 계속 잃어갈 수밖에 없는 것이다.

보통 광고를 많이 해 봤다고 여기는 사람들은 광고에서 문제점을 찾으려고 한다. 하지만 아무리 광고를 바꿔서 소비자에게 더 보이게 한들 새로운 인구가 계속 유입되는 곳이 아닌 이상 광고비의 효율은 점점 떨어지게 된다. 특히 이용자가 늘고 있는 온라인 시장은 대기업까지 가세하며 경쟁이 더욱 치열해지고 있다. 그러므로 고객이 나의 가치를 계속 습관처럼 이용하게 하려는 시도를 꾸준히 해야 한다. 기존 고객은 계속 유지하면서, 신규 고객을 계속 창출하기 위해 노력해야 한다는 것이다.

하지만 고객의 입장이 되어서 생각하되, 갑자기 많은 변화를 주려고 하지는 말자. 획기적인 무언가를 해 보겠다고 금액을 확 낮추면 어떻게 될까? 고객은 오히려 '원래 이렇게 싸게 살 수 있던 거야?'라고 의심할 수도 있다. 그리고 검증되지 않은 획기적인 시스템을 도입하는 등의 일은 실패 위험이 크기 때문에 신중할 필요가 있다. 무엇보다 소비자의 습관을 고려한 위치에 광고가 제대로 실행되고 있는지, 서비스를 효율적으로 제공하고 있는지를 검토하는 것이 중요하다.

습관처럼 우리를 찾아 주는 '기존 고객을 꽉 잡는 데'에 힘의 절반을 쓰고, '신규 고객을 잡는 데'에 나머지 절반의 힘을 쓴다고 생각하자. 아주 정밀하게 세분화하여 고객이 가진 소비 습관의 저격수가 되어야 한다. 그리고 신규 고객을 잡기 위해 광고에만 의존해서는 안 된다. 기존 고객의 품질 만족도를 80% 이상으로 계속 맞춰 주는 것이 중요하다. 이들이 7, 8원칙에 따라 만족하고 전파해 주고, 우리가 1~6원칙을 활용하면 반드시 기회는 온다. 바로 경쟁업체 고객의 만족도가 떨어졌을 때다. 그 실망한 고객들이 우리를 찾아왔을 때 우리가 더 나은 가치를 제공하면, 우리만이 '습관 고객'으로 바뀌는 것이다. 단지 소비자의 소비 습관이 변했다고 섣불리 생각해서, 제품을 덜 비치하거나 광고를 포기하게 되면 바로 경쟁 상대에게 모든 것을 내어 주게 된다는 것을 명심하자.

06
우왕좌왕하지 말고, 원칙만 지켜라!

필자가 소장으로 있는 연구소는 처음엔 직원이 4명뿐인 조그마한 회사로 출발했다. 그리고 현재는 20여 명의 정규 직원과 프리랜서를 포함해 70여 명이 일하고 있으며, 월 매출은 2억 후반대로 규모가 점점 커지고 있다. 인력에 과감히 투자하고, 앞서 이야기한 고민을 계속하면서 여러 가지 광고 시스템을 개발한 것이 뒷받침된 결과라고 생각한다.

필자는 컨설팅, 교육, 광고 대행, 언론, 출판, 후원, 장학, 연구 등 여러 분야를 다루고 있다. 하지만 광고 실행을 현업으로 하고 있기에 다른 분야의 일도 할 수 있는 것으로 생각한다. 사실 광고대행사는 주축은 보통 영업 사원이다. 그러나 필자는 영업직 대신 전 직원이 웹디자이너와 개발자 등으로 구성된, 다소 힘든 구조로 연구소를 구축했다. 영업 사원을 뽑아서 헛소리로 중무장시키고, 실적을 재촉하고, 그로 인해 떳떳하지 못한 사업을 하고 싶지 않기 때문에 이런 구조를 고집하는 것이다.

우여곡절이 많은 작은 회사로 시작했기에 광고업계의 힘든 현실을 잘 알고 있으며, 한 치 앞을 내다보기 힘든 전쟁터에서 살아가고 있음을 누구보다 잘 안다. 광고는 돈이 많다고 잘할 수 있는 것이 아니다. 그렇지만 초창기 필자의 연구소는 금전적으로 여유가 별로 없었기에, 끊임없이 사고를 전환하고자 노력하고 서비스 개발에도 신경을 썼다. '어떤 서비스를 더 추가해 줘야 할까. 내가 팔고자 하는 것을 나도 사고 싶은가.'라고 고객의 관점에서 끊임없이 고민했다. 독자들도 계속 고민하면서 광고의 소스나 기반 등 기본적인 것들을 먼저 갖출 수 있도록 노력해야 한다.

필자에겐 광고업계에 7년이나 먼저 입문한 친척 형이 있다. 필자가 막 입문할 무렵에 그 엄청난 경력에 놀랐고, 월급을 듣고 더 놀랐다. 죽어라 일하는데 월급은 180만 원 정도였기 때문이다. 당시 필자가 다니던 중소기업의 초봉이 170만 원이었는데, 심지어 친척 형은 직급이 과장이었다.

친척 형의 회사는 네이버 공식 광고대행사라는 엄청난 타이틀을 가진 기업(?)이기도 했다. 월급만 빼고 다 부러웠다. 당시 필자는 '광고 매출 물량'을 일부 넘겨주며 그 회사와 계약을 맺었고, 우리는 공식 대행사의 혜택을 이용하고 있었다. 그리고 필자는 무언가 '전문가의 고견'

을 듣고자 몇 차례 그 회사를 찾아간 적이 있다. 당연히 광고의 모든 것에 척척박사일 것이며, 전반적인 내용을 다 알 것이라고 기대했다. 하지만 질문의 답은 대부분 '모른다.', '내 분야가 아니다.', '그런 건 관심 없다'였다.

그 회사에서 친척 형은 파워링크 등의 입찰가를 결정짓고, 순위를 점검하여 올리는 일을 하고 있었다. 당시의 네이버는 지금과 달리 상당히 불편한 인터페이스를 갖고 있었다. 키워드나 순위 조정, 예산 등의 관리가 불편한 구조였기에 사람이 일일이 작업해 줘야 했다. 이런 환경에서 형은 같은 패턴에 익숙해졌고, 노하우나 전략 같은 것도 없이 7년간 일했다. 다른 매체는 쳐다볼 생각조차 없이 무조건 현실에만 안주하려 했으니 경쟁력을 잃는 것은 당연한 일일지도 모른다. 결국 형은 다른 업종으로 이직했다.

십여 년이 지난 지금도 파워링크는 광고의 8원칙을 적용했나, 안 했나에 따라 광고 효율에서 엄청난 차이를 보인다. 그런데 파워링크 베테랑조차 그냥 단순하게 링크만 띄워 놓으면 그만이라고 생각한 것이다.

필자는 위의 사례에 대해 끊임없이 전략을 수정하고 재배치하려는 노력을 해야 했다고 본다. 또 다른 영역으로의 사업 분야 확장, 광고주 관리와 혜택, 신규 서비스 개발 및 제공 등의 업그레이드가 필요했다고 생각한다. 이것은 어떤 업종이나 전략에서도 마찬가지다. 필자의 연구소도 처음에는 카페 광고로만 시작했다. 그러나 블로그, 지식인, 디자인, 홈페이지, 검색 광고, 플레이스, 이미지 등의 전 영역을 두루 섭렵하며 서비스를 추가해 왔다. 영업 사원의 인건비로 돈을 쓰는 대신, 내실을 더 다지는 데 투자했다. 그리고 업무를 확장하며, 새로 개발된 서비스를 기존 고객에게 무상으로 제공해서 경쟁력을 더 키워 주는 전략을 사용했다. 그 결과 오히려 신규 개발된 영역이 더 확장되고, 그것을 제공함으로써 더 신뢰 가는 기업으로 소문이 나서 고객이 늘어난 것은 당연한 수순이었다.

지역의 한 병원에서 있었던 일이다. 해당 병원의 원장님은 매우 친절한 성격이었다. 또한, 고객을 위하는 마음이 워낙 극진하여 여러 치료에 대한 권유를 매우 부드럽게 하는 분이었다.

필자가 물었다.

"혹시 인사하는 것 자신 있으세요, 원장님?"

"네, 잘할 수 있습니다."

그 후로 별것 아니지만, 환자가 들어오면 꼭 일어서서 인사하고, 갈 때도 일어서서 환자를 보내시라는 지침을 드렸다. 환자를 보면서 중간중간 허리를 펴서 스트레칭도 할 수 있으니, 건강 효과와 광고 효과를 동시에 얻을 수 있다. 그리고 이로써 고객이 만족하고 전파하는 최소 조건이 성립되는 것이다. 환자는 무의식중에 '원장님이 겸손하다', '진료를 신뢰할만하다', '수가를 믿어도 되겠다' 등의 여러 가지 감정을 느끼게 된다.

그리고 광고 이미지에 일어서서 책을 보는 사진과 부드러운 얼굴로 '여기 앉으세요.'라고 하는 이미지 등을 보여 주었다. 〈늘 일어서서 환자를 맞이하는 친절한 원장님〉이라는 타이틀을 붙여서 광고 중간에 살짝 비춰 주었다.

이 원장님은 원래 친절한 분이었다. 단지 그것을 표현하기 어려웠을 뿐이다. 누구나 친절하다고 이야기하지만, 실제로 그것을 보여 줄 수 있는 경우는 드물다. 말로만 강조하는 것보다 고객이 그렇게 느끼게끔 만들어야 하기 때문이다.

이런 행동을 계속 반복하는 것은 누구나 할 수 있다. 다만 광고 담당자가 제안하고 이런 소스를 광고로 활용했을 때는 결과에서 큰 차이가 나타난다. 반대로 원장님에게서 이러한 소스를 발굴하지 못하고 친척형의 사례처럼 어떤 변화도 시도하지 않았다면 전혀 다른 결과를 보였을 것이다.

여기서 "아~ 나도 일어나서 인사해야겠구나!"라고 단편적으로 생각하는 독자는 없길 바란다. 광고의 콘셉트는 본인과 맞지 않을 경우, 안 하느니만 못하기 때문이다. 안 맞는 옷을 억지로 입으려고 한다고 입을 수 있는 게 아님을 명심하자. 광고 담당자의 도움을 받거나 스스로 자신만의 강점을 찾아내야 한다. 그리고 아무리 사소한 것이라도 이러한 강점을 최소 5개 이상은 사례로 엮으며 늘려가야 한다.

보통 이런 홍보를 하자고 이야기하면 민망하다고 거절하는 경우를 종종 본다. '뭘 그런 걸 가지고' 광고를 하느냐고 말한다. 하지만 경쟁업체는 '그런 걸 못 하고' 있다. 사소한 것이지만 그걸 할 수 없기에, 그것 자체가 우리의 강점이고 소망하게 만드는 요소가 되는 것이다.

누구나 알만한 대기업의 광고 사례를 하나 살펴보자. 비타500은 카페인이 없어서 착한 음료이고 건강한 음료라고 대대적으로 내세우며, 막대한 비용으로 강력한 광고를 하고 있다. 과연 이들은 누구와 경쟁을 한 것일까. 그리고 본인의 강점을 무엇이라고 생각한 것일까.

비슷한 병에 담긴 음료이고, 비타500의 노란색이 아닌 파란색, 그리고 똑같이 피로를 풀어 주겠다고 한다. 바로 박카스다. 박카스의 대표 성분인 타우린과 카페인 중, 카페인에 초점을 맞춰 비타500엔 그것이 없다고 강조한다. 그런데 비타500은 카페인이 없어서 착한 음료라고 하지만 실제로 카페인은 우리가 흔히 마시는 커피나 녹차에도 많이 들어 있는 성분이다. 심지어 박카스에는 비타500에 많이 함유된 설탕이 없다.

뭐가 건강하고 건강하지 않고는 중요하지 않은 것이다. 무엇을 가지고 할 것인지가 중요하다. 다른 것에는 없는 사소한 무엇을 찾아내고, 그것을 효과적으로 보여 줄 수 있어야 한다. 박카스보다 훨씬 후발 주자인 비타500은 그런 식의 발상으로 박카스 매출을 턱밑까지 따라잡는데 성공했다. 물론 박카스도 엄청난 비용을 쓰며 감성에 호소하는 광고를 진행했고, 지금은 다시 격차를 벌리는 데 성공했다.

필자는 이제 광고 컨설팅을 하러 나가면 광고주의 매출 상승을 위해 뭘 해야 좋을지 어느 정도 파악할 수 있다. 새롭게 광고를 진행하기에 앞서 필자나 기획자가 반드시 광고주와 미팅을 하는 이유가 여기에 있다. 그런데 이 과정을 대신 할 수 있는 영업 사원은 찾기 힘들다. 이런 이유로 필자가 영업 사원의 필요성을 느끼지 못하는 것이다.

하지만 필자가 관상학 전문가도 아니고, 한 번 보고 바로 상대의 강점을 파악하는 것은 여간 어려운 게 아니다. 그래서 설문지와 면담 방식을 통해, 어느 정도는 파악할 수 있는 시스템을 운용 중이다. 하지만 본인과 본인 업종의 강점을 제일 잘 아는 것은 바로 이 글을 읽고 있는 독자 본인이다. 스스로 강점을 찾아 개발하려고 생각하기 시작하면 더 좋은 결과를 뽑아낼 것이라 확신한다.

우왕좌왕하지 말고, 광고의 기본 원칙만 지켜라! 그와 함께 고객 관점에서 고민하면서 다른 곳에서는 하지 않는 0.1%씩을 만들어나가도록 하라. 진심으로 치열하게 고객에게 어떻게 보이고 싶은지 고민하는 것부터 시작해야 한다. 광고에만 중점을 둬서 이 책을 읽지 말고 부디 내면과 본질에도 초점을 두고 보길 바란다.

그런데 만약 본질이 전혀 없거나 다른 곳에 비해 훨씬 부족하다면, 광고를 아무리 잘해도 효율성은 떨어질 것이다. 반대로 본질이 남들보다 뛰어나지만, 정작 광고를 못 하면 그 또한 효율성을 기대할 수 없으며 힘들게 만든 본질도 곧 빼앗기게 된다. 그러므로 뛰어난 품질과 광고의 8원칙을 기반으로 이 두 가지를 균형 있게 맞추는 데 전력을 다해야 한다.

그래서 이 책은 본질을 잘 세팅하는 전략과 광고를 잘하고 잘 만드는 방법을 중심으로 다루고 있다. 독자가 이 부분을 계속 생각하면서 이 책의 마지막 장을 덮는다면 분명 몇 단계 성장한 자신을 발견할 수 있을 것이다. 또한 기업이나 병원, 공공기관, 학교, 언론 등 다양한 분야의 홍보 담당자가 이 점을 활용해 적용한다면 더 나은 삶을 살 수 있을 것이다. 좋은 역량과 좋은 기법을 적용한다는 것은 본인이나 광고주가 성장할 수 있는 원동력이기 때문이다.

07
내가 원할 때, 고객들도 간절히 원한다

●

●

·

우리가 무언가를 판매하고자 할 때 제일 자주 생각하는 것은 무엇일까? 보통 '어떻게 하면 고객이 우리의 서비스가 필요하도록 만들 수 있을까?' 하고 고민할 것이다. 하지만 사실 필요의 관점에만 초점을 두고 고민할 경우, 그것을 해결해 줄 방법은 거의 없다. 요즘은 예전과 달리 어떤 물품이나 서비스든 공급 수량도 충분하고 종류도 다양해졌기 때문이다. 소비자가 선택할 수 있는 폭이 넓어진 만큼 어떤 특정 물품을 단지 필요에 의해서만 구매하는 경우는 드물다.

자동차를 예로 들어 보겠다. 요즘은 대부분 가구당 자동차 1대를 소유하고 있고, 2대 이상을 소유한 예도 심심치 않게 볼 수 있다. 자동차가 있어야 육아나 사업 등 전 분야를 막론하고 훨씬 더 편리하고 윤택한 생활을 할 수 있기 때문이다. 그러므로 자동차는 필요해서 사는 것이라고 착각하기 쉽다. 하지만 그런 의미로만 본다면 중고차나 가격이 저렴한 차량만 팔려야 할 것이다. 기능적인 부분이 필요해서 옵션을 추가한다면 내비게이션이나 ABS와 같은 꼭 중요한 것만 선택할 것이다. 하지만 고객들은 단지 필요에 의해서만 구매하지 않는다.

그래서 4원칙 '필요하게 하라'와 5원칙 '소망하게 하라'의 접점을 중요하게 생각해야 한다. 고객은 원하는 것을 사게 된다. 바꿔 말하면 고객들이 원할 때는 꼭 필요한 1대의 차량만 구매하는 것이 아니라, 더 고급 차량 1대 혹은 여러 대의 차량을 구매할 수 있다는 것이다. 이때 판매자는 국산 차, 외제 차, SUV, 캠핑카 등 다양한 차종을 제공함으로써 소비자가 우리의 제품을 필요 이상으로 구매하게 만드는 것이 목표다. 당장 꼭 필요하지 않은 것도, 당장 없으면 안 될 것처럼 소비자가 원하도록 만드는 것이다.

대다수 판매자는 무언가를 판매하기 위해 소비자를 설득하려 한다. 하지만 '~기능이 있는 제품', '특별한 ~서비스', '특허받은 기술', '친환경 제품' 등의 장점들을 나열하며 필요하게 만들기는 사실상 매우 어렵다. 소비자는 구매하기 전에 '지금 굳이 이게 필요할까?'라고 생각할 수 있다. 그리고 필요 없다고 판단되면 가차 없이 물건을 내려놓게 되는 것이다. 또 필요에 의한 접근법으로 소비자를 설득하려면 수요와 가격에 영향을 받게 되고, 결국 매출은 점점 떨어질 수밖에 없다.

그러므로 고객이 우리의 상품을 갖고 싶어지게, 즉 원하게 만들어야 한다. 가방을 판매하는 기업이라 가정해 보자. 단순히 필요에 의한 가방이라면 소비자에게는 1개면 충분할 것이다. 그러나 가방을 1개만 가지고 있는 사람은 거의 없다. 그런데 판매자가 단지 서류 가방이라는 틀에만 갇혀 제품을 판매하려 한다면 결국 가방의 재질이나 가격 경쟁으로 승부할 수밖에 없다.

반면 가방을 만드는 장인의 삶을 보여 주며, 30년 동안 가방만 만들어 온 장인이 세심하게 작업한 디자인이라고 이야기하면 어떨까? 또 군용 제품에 사용되는 물소 가죽으로 딱 100개만 생산하고, 가방에 한정판이라는 제품 고유 번호와 사인, 주문자의 이니셜을 새겨 준다고 가정해 보자. 이런 경우라면 소비자가 갖고 싶게 만들면서, 높은 가격으로 판매할 수도 있다. 심지어 충성고객이나 마니아들은 여러 개를 보유하고 싶어할 수도 있다. 이렇게 되면 6원칙 '구매하게 하라'를 넘어 7, 8원칙 '만족하고 전파하게 하라'로 이어질 수 있다. 이런 식으로 누군가에게 가방을 선물로 준다면 훨씬 값진 의미가 부여되면서 가방에 대한 정보도 전파하게 될 것이다. 결국, 이는 수요와 공급, 가격의 원리를 완벽히 벗어나는 것이다.

필자가 아는 지인 중에 쇠를 특별하게 다루는 분이 있다. 마니아 카페가 있고 수작업으로 칼을 세공해 주거나, 검집을 만들어 주거나, 비비

탄 총의 겉면을 제작해 주어 돈을 벌고 있다. 심지어 부업으로 말이다.

그분은 총의 모양을 사진으로 보고, 쇠를 녹여서 그대로 만들어 내는 압도적인 기술을 가진 것으로 유명하다. 실제로 총을 들었을 때 느끼는 묵직한 중량감까지 완벽하게 재현해 낸다. 도검류도 날만 가는 방식이 아니라 나무 손잡이부터 보호대, 쇠구슬 등 세세한 것까지 거의 완벽에 가깝게 재현해 내는 분이다.

그런데 이미 비슷한 모양의 제품들을 공장에서 대량으로 찍어내고 있고, 훨씬 저렴한 가격으로 온라인상에 많이 보급되고 있다고 한다. 당연히 수작업으로는 공장에서 찍어 내는 속도를 따라갈 수 없으며, 가격을 비슷하게 맞추기도 어렵다. 그런데 그런 곳들과 경쟁하려고 작업량과 속도를 빠르게 해서 제품을 만들어 내면 과연 얼마나 돈을 벌 수 있겠는가.

그분이 만든 것을 언뜻 보면 모양은 비슷할지 몰라도, 자세히 보면 공산품과는 세세한 부분에서 많은 차이가 있다. 따라서 자신만의 완성도 높은 제품을 원하는 고객들을 잡을 수 있다는 장점을 포기하고, 공장의 빠른 제작과 낮은 가격을 따라가려고 하면 안 되는 것이다.

그분은 자신의 제품에 특별함을 더하고, 계속 주문 제작 위주로 작업을 하기로 마음먹었다고 한다. 본업이 따로 있었고, 주문도 많지 않아 틈날 때마다 만들어 주는 방식으로 운영했다. 심지어 한 가지 모델을 만들면, 똑같은 모델을 두 번 다시 만들지 않았다고 한다. 똑같은 제품이 2

개 이상이 되면 제품의 희소성이 떨어진다며, 같은 사람이 와서 만들어 달라고 해도 안 된다고 거절했다. 그 작품은 딱 하나만 존재하기에 빛난 다는 본인만의 철학이 있던 것이다. 이렇게 이야깃거리는 만들어졌고, 광고하면 잘 될 수밖에 없는 여러 가지 조건이 완성된 것이다.

초기에는 한 달에 한 건도 의뢰가 없는 때도 있었고, 몇 달 동안 1~2 건 정도의 작업만을 했다. 그런데 그 몇 건의 작업을 통해 물건을 받은 사람들이 여러 커뮤니티에 자랑하기 시작했고, 곧 여러 종류의 물건에 대한 의뢰가 들어오기 시작했다. 여러 이야기에 끌려 그분의 작품을 소 망했고, 구매했으며, 너무나 만족했고, 그래서 전파하게 된 것이다. 검이 나 총 등을 좋아하는 마니아는 많았지만, 제대로 된 작품을 만들어 주는 곳은 별로 없던 것이다. 그렇기에 비싸면 몇백만 원도 하는 공산품을 사 면서 만족할 수밖에 없는 상황이었다.

인터넷에 돌아다니는 공산품으로는 만족 못 하는 잠재적인 수요층을 완벽히 잡아낸 것이다. 물론 수작업으로 만들면서 공산품보다 약간만 비싼 비용을 받고 빠르게 제작하는 곳들도 있었다. 하지만 이런 식의 강 단 있는 주문 제작 방식의 판매는 없었다. 그래서 그 지인은 현재 부업 으로만 본업의 5배가 넘는 수익을 보고 있다고 한다.

사실 어떤 불순한 목적으로 저런 밀리터리 제품을 모으는 사람은 거 의 없다. 동경해 왔던 것에 대한 숨겨진 욕망이 '원한다'로 표출되어 소 비자가 직접 다가오고, 생각하고, 소망하게 만든 것이다. 여기에 제품에 대한 '특별한 철학'과 '이야기'를 갖고 있으면 전파하는 데 더 유리하다. 사실 특별한 사고를 하는 기업이나 사람에게 '특별한 상품'이 생기게 되는 것은 당연하다. 반드시 잘 될 수밖에 없는 것이다. 그러니 어떻게 하면 당신의 고객이 당신의 제품을 강렬히 원하게 할 수 있을지를 고민해 보자.

만약 지인이 특별함을 포기하고 보급형 상품들을 만드는 것에만 계속 매진했다면, 상품의 질은 떨어지고 가격을 맞추지 못해 판매량이 줄게 되어 결국 부업을 접는 사태로 이어졌을 것이다. 이런 상황에서는 아무리 광고비를 쏟아부어도 결국 광고 효율을 제대로 보기 어렵다. 그러므로 사장님이나 광고 담당자는 광고의 8원칙을 고려하여 어떤 식으로 고객을 소망하게 만들 수 있을지부터 고민해야 한다.

다음은 필자가 컨설팅한 병원의 이야기를 사례로 들어보겠다. 그 병원의 원장님은 나이가 지긋한 통증의학과 전문의였다. 그분은 주로 비슷한 상태의 환자들에게 저수가로 통증 주사를 수십 번 놓아 주는 방식으로 치료를 한다고 했다. 보통의 병원에서는 통증 주사를 2~3번만 놓아 주는 데 그치지만, 이분은 치료가 필요한 부위에는 확실하고 정확하게 주사를 모두 놓는다고 했다. 그런 식으로 오랫동안 환자를 치료해 주느라 손목의 인대가 늘어나서 몇 번의 재건 수술까지 했다고 한다. 오죽하면 인대 수술 자국이 한두 군데가 아니었다.

그런데도 그분은 이런 사연을 어디에서도 털어놓지 않았다. 수술까지 한 것에 대해 "늙어서 그런 거지, 뭐가 자랑이냐."고 했다. 단지 자신을 찾아와주는 환자분들이 정말 고마워서, 자신은 아파도 참고 환자를 낫게 하자는 일념으로 정도(正道)를 지켜 치료할 뿐이라고 말했다. 의사라면 누구나 그렇게 치료에 당연히 임하여야 한다면서, 다른 것으로 광고를 하자고 말이다. 이 원장님은 본인이 그런 병원과 의사가 되기를 원하는 만큼 환자들에게 최선을 다한 것이다.

그 병원은 주로 50대 이상의 환자들이 통증 치료를 받기 위해 방문했고, 원장님의 나이는 60대였다. 사람은 50대가 되면 연륜이 쌓이고, 자신만의 전문 분야를 갖고 있기 마련이다. 적어도 자주 업종을 바꾼 것이 아니라면, 반드시 자신의 업계에서 경력과 노하우를 지니고 있다는 것은 누구나 인정할 것이다. 따라서 그러한 부분을 내세우면 50대 고객은 공감하고 수긍하게 되며, 다른 병원보다는 이곳을 선택할 확률이 높아진다. 그래서 필자는 "수십 년간 치료해 온 경험으로 환자의 아픔을 덜어드립니다."라고 알리고, 통증 치료 외길 30년과 흉터 자국, 연륜이 묻어나는 얼굴 등을 부각하는 방식을 추천했다.

그리고 상대적으로 젊고 경력이 짧은 의사가 원장님이 검수하고 알려준 치료법으로 함께 치료한다는 것을 알렸다. 그래서 함께 머리를 맞대고 연구하는 이미지 등을 환자들에게 심어 주었다. 여기에 '환자가 아파서 오는 병원'이 아니라, '아프지 않기 위해 찾아오는 병원'이 되거나 그렇게 보이게끔 광고를 해 주면 좋다. 이런 식으로 광고의 8원칙 기법에 맞춰 제작해서 광고하면 일반적인 경쟁 병원에서는 따라 하고 싶어도 따라 하기 힘들다.

사실 원장님은 치료에는 자신 있지만, 주변의 경쟁 병원에서 광고를 많이 해서 환자가 계속 줄고 있었다. 이로 인한 경영악화와 체력고갈로 힘들어하셨고, 의욕도 많이 꺾여 폐업을 생각할 정도로 고민 중이었다. 그런데 실제로 어느 병원이 더 치료를 잘할 것 같은가? 물론 환자에 따라 상대적이지만, 5년 차 원장과 30년 차 원장의 진료에는 분명 장단점이 존재한다. 다만 어떻게 8원칙을 적용하느냐에 따라 결과는 많이 달라진다. 그 원장님은 이제 진료는 적당히 보면서 그동안의 경험을 바탕으로 치료법을 더욱 개선하는 게 맞다. 그래서 쉬엄쉬엄 치료에 임하면서 경영에 전념할 수 있도록 도와드렸다.

길거리에서 쉽게 볼 수 있는 전단이나 온라인상의 광고들을 보면, 다 비슷비슷한 문구로 필요에 의한 설득만이 넘쳐난다. 하지만 필요에 의해서만 제품을 사는 것이라면 시장에서 파는 저렴한 슬리퍼가 훨씬 더 도움이 된다. 즉, 고객은 무조건 저렴하다고 그 물건을 구매하지는 않는다. 그들이 사고 싶은 것은 그에 맞는 품질과 가치다. 사람들이 유명 브랜드의 운동화를 사러 가고, 명품 가방을 갖고 싶어 하며, 비싼 외제 차를 몰려고 하는 것은 더 높은 가치를 추구하고자 하는 인간의 욕망이다.

따라서 사람들이 강렬히 원하도록 만들기 위해서는 '브랜드'를 떼어 놓고 설명하기 어렵다. 그리고 자신조차 원하지 않는 브랜드를 남이 원할 리 없다는 것을 명심하자. 내가 진심으로 어떤 브랜드를 원할 때, 다른 고객들도 간절히 원하게 되는 것이다.

브랜드라는 것은 특정 기업에만 적용되는 것이 아니다. 사람 자체도 브랜드가 될 수 있음을 확실히 기억해 두어야 한다. 필자는 컨설팅이나 강의할 때 필자의 브랜드 가치를 증명하는 것부터 시작한다. 특히 고객의 브랜드를 함께 설계하는 과정에서 어디서도 겪어 보지 못한 특별한 상황이 연출된다. 이처럼 '고객의 기대를 넘어서는 특별하고 감동적인 소통'을 해야 그들은 만족하여 다른 사람도 끌어들이게 되고, 그로 인해 당신을 원하는 사람이 더 늘어날 것이다. 그러므로 소개받기 좋은 구조와 소개하기 좋은 구조를 만드는 데 열과 성을 다해야 한다. 어떻게 하면 나를 원하게 될지 독자들 역시 스스로 가치 있는 브랜드가 되도록 고민하고 노력해 보자.

08
5%가 되려면, 95%와 다른 길을 가라

•

•

•

최근 건축 분야에서는 리모델링 사업이 붐을 일으키고 있다고 한다. 건설업계에서는 "2000년대 중후반에 한차례 일었던 리모델링 붐이 다시 재현되고 있다."라고 설명한다. 서울과 분당 등 39곳에서 2만 8천여 가구의 리모델링 사업이 추진 중이라고 한다.

필자도 욕실의 리모델링을 한 경험이 있다. 견적을 받으러 여기저기 돌아다니던 때의 일이다. 찾아간 업체마다 유난히 가식에 가까운 친절을 보이는 경우가 많았다. "어떤 스타일로 해드릴까요? 어떤 색상을 원하세요? 단가는 어떻게 맞춰드릴까요?" 등의 질문이 대부분이었다. 그리고 모두 비슷하게 좋고, 할인해서 가격이 저렴하다는 등의 브리핑이 이어졌다. 여러 가지 디자인과 가격을 비교하는 데 머리가 아플 지경이었다.

하지만 한 업체는 달랐다. 위의 질문을 먼저 하기보다 현재 필자가 사는 집의 상황을 먼저 묻는 것이었다. "아이가 몇 명이신가요? 욕조를 자주 이용하시나요? 화장실의 개수는 몇 개인가요? 넓이는 어떻게 되죠? 사진 좀 볼 수 있을까요? 집에 사람들이 자주 놀러 오나요? 세탁기가 혹시 화장실에 들어가야 하나요?" 등의 처음 받아보는 질문들이었다. 아이가 있는 집은 변기를 이 제품으로 쓰는 것이 좋다거나, 수전은 5살 아이가 쓰기에 무엇이 좋다든지, 타일은 아이들이 미끄러지지 않게 까칠한 재질을 사용하는 게 좋다는 등의 세세한 부분까지 묻고 도와주었다. 무엇보다 필자 가족의 삶을 듣고 개선점을 찾으려 했으며, 우리도 몰랐던 필자의 가족이 원하는 것을 설계하고 찾아 주었다. 그런 다음에야 다른 곳에서 들었던 이야기들을 최대한 부드럽게 풀어갔다.

이것은 마케팅이 아니고 진심으로 이루어진 행위일 것이다. 그런데 여기까지만 진행되면 '정말 제대로 된 생각을 가진 업체구나.'라는 선에서 끝날지도 모른다. 이러한 내용들을 모아 광고의 8원칙을 적용하여 알리고 마케팅에 집중하면 어떻게 될까?

진짜 승부는 이런 차별화된 진심에서 갈린다. 다른 곳이 쉽게 따라 하지 못하는 엄청난 진입장벽이 생기는 것이다. 이런 업체들이 선두기업이 되어갈 때쯤 경쟁업체에서 똑같이 따라 한다 해도, 앵무새처럼 무성의하게 질문하는 것에만 그치게 될 것이다. 주목할 점은 필자가 갔던 업체가 저런 세세한 질문뿐만 아니라 일반적인 친절과 서비스, 품질, 디자인까지 모두 괜찮은 수준이었다는 것이다. 기본이 되는 다른 부분들에도 게을리하지 않고, 더 좋은 시스템을 갖추기 위해 노력했다는 것이다. 기본에 충실한 것이 전제되어야, 그다음에 특별히 다른 것을 시도할 경우 광고 효율을 극대화할 수 있기 때문이다. 그렇다면 그 기본이라는 것은 어떻게 만들어지는 것일까?

국제적으로 계속 문제가 되는 특허권 소송에 관한 이야기를 해 볼까 한다.

알 만한 사람은 거의 다 알고 있는 삼성과 애플의 이야기다. 이 두 기업의 특허권 문제로 세계 곳곳에서 소송이 벌어지는 일이 발생했었다. 애플이 제기한 내용은 여러 개의 터치가 가능한 멀티터치와 손가락을 벌려 사용하는 탭 투 줌, 그리고 둥근 모서리, 액정화면 테두리, 격자형 애플리케이션 등의 디자인과 관련된 것들이었다. 그리고 삼성은 기술 특허와 통신 특허 등으로 애플에 소송을 제기했다. 결과는 삼성이 애플에 1억 1,960만 달러(한화 약 1,332억 원)를 배상하라는 것으로 나왔다.

디스커버리를 통해 증거로 제출된 삼성의 내부자료가 결정적인 패인이었다. 갤럭시S와 아이폰의 인터페이스 및 기능을 비교하면서, '우리도 저렇게 만들어 보자.'라는 내용이 담긴 문서였는데, 그 내용을 '저거 베껴보자.'로 간주했기 때문이다. 물론 그 밖의 쟁점과 사유는 많이 존재한다.

코카콜라와 펩시도 서로 소송전을 벌이고 있다. 코카콜라의 제조법은 성분만 놓고 봤을 때 1%의 비밀 성분이 섞여 있는 설탕물이라고 볼 수 있다. 코카콜라는 단지 그 1% 때문에 누구도 따라 할 수 없는 맛을 만든 것이다. 이 1%를 알아내기 위해 수많은 화학자가 80년 넘게 연구를 했지만 결국 비밀을 알아내지 못했다고 한다.

펩시는 코카콜라보다 12년 늦게 시장에 뛰어들었다. 코카콜라의 맛을 99%까지 모방하여 재현해 냈고, 1%는 모방이 불가하여 대체할만한 다른 맛을 연구했다. 그 결과 사람은 단맛을 좋아한다고 판단하고, 단맛이 느껴지는 속도에 중점을 두어 개발에 성공했다. 그리고 코카콜라와 비슷하지만 단 성분이 빠르게 느껴진다는 점으로 코카콜라의 강력한 경쟁 상대로 거듭날 수 있었다. 심지어 '펩시 챌린지'라는 블라인드 테스트 결과, 상당수에서 펩시가 코카콜라를 이겼다는 결과가 나왔고 회사는 이를 적극적으로 알렸다. 그러자 2001년에 코카콜라는 펩시가 상위제조법인 X-53을 스파이를 통해 반입했다며 소송을 제기했고, 펩시는 코카콜라에 2,500만 달러(한화 약 300억 원)를 배상했다.

이렇게 다른 제품의 강점을 모방하면서 새로운 제품들이 탄생했다. 사실 세상에 없는 아예 새로운 것을 창조하는 것은 어려운 일이다. 무(無)에서 유(有)를 만들어 내야 하는데, 평생 연구한다 해도 성공하기 어려운 경우가 더 많다. 그래서 우리가 팔고자 하는 것이 제품이거나, 서비스이거나, 어떤 가치든 간에 모방에 중점을 둔다면 조금은 실마리를 찾을 수 있을 것이다.

예를 들면 네이버나 다음 등도 검색 포털의 시초는 절대 아니므로 모방으로 만들어진 것이다. 그리고 그곳을 통해 여러 가지 플랫폼을 이용하는 것은 어느 포털이나 비슷하다. 그러므로 당연히 제공해야 하는 서비스는 모두 기본적으로 갖추어야 한다. 최소한 업계의 대표주자가 가진 장점을 90% 이상은 모방할 수 있어야만 명함을 내밀 수 있는 것이다. 단순히 4원칙인 필요하게 하는 과정까지 다가가는 데에도 많은 광고 비용이 발생한다. 그러나 기본이 되는 브랜드가 제대로 형성되어 있지 않은 경우, 5원칙 이후부터는 광고 효율을 기대할 수 없다.

그리고 남과 다른 1%짜리 5개를 만드는 데 주력해야 한다. 딱 5%만 다르게 보여도 광고의 효과는 엄청난 차이를 가져온다. 5%의 다른 점을 가지고 효율이 안 나온다면 전적으로 광고의 문제라고 할 수 있다. 앞서 이야기한 5년 차 원장과 30년 차 원장의 이야기를 떠올려 보자. 광고할 때 무엇에 쟁점을 두고 장점을 어필하느냐가 관건인 것이다.

필자는 브랜드(마케팅)와 광고를 저울의 양쪽에 걸었을 때 수평이 되게 맞춰야 한다고 강조한다. 필자의 연구소도 또한 브랜드와 광고에 있어서 한쪽으로 치우치지 않도록 균형을 잡는 작업을 계속하고 있다.

그리고 만약 자신이 가진 장점을 계속 보완하지 못하고, 누구나 가지고 있는 장점만을 강조한다면 고객들은 결국 선택의 갈림길에 서게 될 것이다. 따라서 한 가지씩 다른 이가 가진 장점과 비슷한 것들을 추가하려는 노력이 필요하다. 필자의 경우 광고에 있어서 기본적인 영역들을 하나하나 갖추어 가며 규모를 확장해 나갔다. 그러다 보니 필요한 대부분의 영역을 다루게 되었고, 처음에는 외주를 주던 부분까지 직접 실행할 수 있는 수준에 이르게 되었다. 결국 다른 곳에서 다루고 있거나, 다루지 못하는 영역까지 고루 실행하게 되었다. 그리고 꾸준히 한 가지씩 추가하는 차별화된 전략으로 현재는 52가지 광고 시스템도 개발했다. 더 좋은 서비스와 가치를 제공하고자 연구하고, 공부하다가 책도 집필하게 된 재미있는 경우다.

5%가 되려면, 95%와는 다른 길을 가야 한다. 다른 사람들이 많이 하고 있다고 그것이 정답은 아니다. 차별화된 무언가가 필요하다는 것이다. 보통 다르게 마케팅을 하거나, 광고하라고 하면 어려워한다. 달라지고는 싶은데 어떻게 하면 좋을지 아예 감조차 오지 않는다는 것이다. 물론 그럴 수 있다. 하지만 다르다는 것의 기본은 모방에 있다. 다른 곳의 장점을 최대한 모방한 뒤에, 꾸준히 다른 새로운 것을 추가하는 것이다.

그런데 최악의 경우, 경쟁자의 좋은 점을 분석하고 차별화된 점을 따라가는 데만 급급해할 수도 있다. 이렇게 되면 평생을 쫓아가기만 하다 운이 없으면 사업을 접게 될 수도 있다. 혹은 혼자만의 독보적인 차별화 전략으로 아예 반대의 길을 가는 경우도 있을 것이다. 물론 다른 곳과 확실히 다르긴 하겠지만 고객은 그 두 곳의 장점을 비교해야 하는 선택의 갈림길에 서게 된다는 단점이 있다. 그러므로 최고의 전략은 다른 곳의 장점을 최대한 따라간 후에, 특별한 다섯 가지를 추가하는 것이다. 당장 1%의 사소한 것을 다섯 가지 만들어 보자.

CHAPTER 2

광고란
무엇인가?

01
광고(廣告)? 이젠 광고(光高)!

•

•

•

　광고는 꼭 필요한 것인가? 광고의 필요성에 대한 논의는 시대를 막론하고 항상 있었다. 어떤 학자들은 광고는 불필요하며 곧 사라질 것이라는 극단적인 주장을 하지만, 많은 학자들이 광고가 여전히 필요하다고 말한다. 필자는 광고가 여전히 필요하다는 견해지만, 때에 따라서는 양쪽의 주장이 모두 옳다고 말한다.

　필자는 광고인으로 시작해서 마케터가 되었다. 그래서 강의를 나가면 광고와 마케팅을 모두 아우르며 두 가지 학문은 뗄 수 없는 밀접한 관계라고 이야기한다. 광고가 제대로 이루어지지 않아 충분히 알려져야 마땅한 기업이나 서비스, 상품 등이 빛을 보지 못하는 경우를 수도 없이 보았다. 심지어 좋은 기업임에도 광고 자본이 부족해서 무너지거나, 다른 기업에 인수되는 경우도 비일비재하다.

그래서 필자는 광고 컨설팅 의뢰를 받으면 광고주에게 먼저 몇 개월 동안의 광고 비용을 무조건 예산으로 빼둘 것을 권장한다. 초기에 계획적으로 예산을 편성해 놓지 않으면, 매번 눈앞에 닥친 일부터 처리하느라 결국 운영자금이 부족해지는 안타까운 일이 발생할 수 있기 때문이다. 사업 운영조차 어려운 상황에서 계속 광고를 집행할 수는 없을 것이다. 아무리 좋은 상품, 좋은 서비스가 밑바탕이 된다 해도 광고 없이 성공할 확률은 극히 낮다. 이처럼 광고는 사업 성공의 매우 중요한 수단이 되므로, 계획적인 예산 편성은 필수적이다.

그런데 이런 식으로 광고에 어느 정도 투자를 하는 기업 중에는 고객을 기만하려는 의도가 다분한 상품이나 서비스를 제공하는 곳도 존재한다. 실제로 생각보다 많은 업종에 숨어 있어서 이러한 상품이나 서비스, 혹은 기업들을 찾아내기는 쉽지 않다. 해당 업계의 전문가가 아니면, 걸러낼 수조차 없다고 해도 과언이 아니다.

이들의 공통점은 상품 1개당 판매 수익률이 높다는 것이다. 하지만 이렇게 높은 수익률만을 추구하면 상대적으로 상품이나 서비스의 질은 떨어질 수밖에 없다. 그런데도 수익률이 높다 보니 광고비를 더 쓸 수 있는 여력이 생기고, 자연스럽게 광고에 많은 자금을 투자하게 된다. 이렇게 되면 오히려 실제로 제공하는 상품이나 서비스의 질보다 더 좋아 보이는 거짓 효과를 누리게 된다. 당장은 그 효과에 심취할 수도 있으나 장기적으로는 기업에 대한 신뢰도를 떨어뜨리는 결과를 초래할 수도 있다.

그리고 이러한 상황이 지속되면, 광고는 불필요한 수단이 되어버릴 수도 있다. 광고가 필요 없다고 주장하는 미국마케팅학회(AMA)의 극단적인 주장처럼 광고를 위한 광고가 진행되는 현상 때문이다. 상품이나 서비스, 기업의 가치를 알리기보다는 오직 수익률을 올리기 위한 광고에 더 열을 올리는 것이다. 다시 말해 어느덧 광고가 믿지 못할 가짜, 또는 반드시 걸러서 들어야 할 거짓 정보로 전락해 버리는 것이다.

광고하고자 한다면 담당자는 최소한의 양심과 중립성을 갖고 업무에 임해야 한다. 오로지 매출 증대만을 위한 광고에만 치우치지 말고, 상품이나 서비스 본연의 가치를 상승시키기 위한 전략에도 중점을 두어야 한다. 이 말에 혹자는 반론을 제기할 수도 있다. 특히 광고업계에 종사하고 있는 사람으로서는 무조건 일을 가리지 않고 계약을 많이 따내는 것이 먼저일 것이다. 그들에게 중립성이 우선순위가 될 수 없다는 점은 어느 정도 동의하는 바이다. 먹고 사는 것보다 중요한 일이 어디 있겠는가. 하지만 적어도 허위정보를 유포하거나, 후발 주자의 약점을 잡아 공략하는 일은 자제해야 한다. 그리고 광고인으로서 광고주에게 제품이나 서비스 등의 개선점을 당당히 요구할 수 있어야 할 것이다.

필자의 경우, 광고를 진행하기 전에 광고하고자 하는 것에 대한 전반적인 내용부터 상세히 듣는다. 그리고 해당 상품이나 서비스에 광고가 필요한지 아닌지를 판단한다. 필자가 이 상품이나 서비스를 광고한다면, 소비자에게 진심으로 어필할 수 있을지 가늠해보는 과정을 거치는 것이다. 만약 조금이라도 아쉬운 부분이 있거나 제대로 된 상품이나 서비스, 기업이 아니라는 판단이 선다면, 비용에 상관없이 과감하게 광고주의 제의를 거절한다. 필자 자신뿐만 아니라, 필자의 직원들과 더 나아가 필자의 광고를 보게 될 고마운 이들에게 거짓을 말하고 그들을 속이고 싶지는 않기 때문이다.

> "알리는 데 급급할 것인가, 가치를 높이고 빛낼 것인가.
> 이제 광고(廣告)가 아닌, 광고(光高)를 하라!"

광고는 사전적으로는 '廣告(넓을 광, 알릴 고)'로서 '널리 알린다'는 의미가 있다. 하지만 필자는 광고가 이런 의미로서만 존재해서는 안 된다고 강조한다. 광고는 '光高(빛 광, 높을 고)'로 '빛나게 하고, 높여 준다'라는 또 다른 의미로 생각해 봐야 한다. 즉, 광고는 무언가의 가치를 진정으로 더 '높이고', '빛나게' 해 주는 수단으로 존재해야 한다. 필자는 모든 광고 담당자들에게 광고(廣告)가 광고(光高)로 인식되기를 진심으로 바란다.

02
기본을 지키는 광고

•

•

•

광고를 진행할 때는 '누가, 언제, 어디서, 무엇을, 어떻게, 왜'라는 기본적인 육하원칙을 지켜야 한다. 여섯 가지 중에 생략하고 싶은 것이 있다면 적어도 보는 사람이 그것을 쉽게 추측할 수 있도록 해야 한다. 그러나 시중에 뿌려지는 대다수의 광고는 기본적인 원칙은 지키지 않고, 멋 내기에만 치중한 것으로 보이는 경우가 많다. 창의성이나 독창성이라는 허울 좋은 굴레에 메여 있는 것이다. 오직 소비자의 눈길을 끌기 위한 목적으로 디자인만 강조하다가 정작 본질을 놓치는 광고가 부지기수다. 심지어 무엇을 광고하는지조차 모호한 광고도 흔치 않게 볼 수 있다. 이렇게 기본이 없는 광고는 결코 좋은 광고라고 볼 수 없다. 광고의 본질은 멋지게 보이는 데 있는 것이 아니라, 상품의 가치를 효과적으로 알림으로써 매출을 끌어올리는 데 있기 때문이다.

무조건 광고에 여섯 가지 원칙이 모두 들어가야 한다는 말은 아니다. 앞서 말했듯이 생략하고자 하는 부분이 있다면, 적어도 소비자가 그것을 유추할 방법을 제시해 주면 된다. 즉, 소비자가 어느 정도 유추할 수 있을 만큼의 인지도가 쌓여 있는 내용은 생략할 수 있다는 것이다. 단 주관적인 기준이 아닌, 객관적인 기준에 의해 결정해야 한다. 섣불리 인지도가 있다고 판단해서는 안 된다.

광고에 주로 사용되는 것은 이미지다. 우리의 의식은 이미지를 연속체로 받아들인다. 의식의 흐름이 마치 동영상 프레임처럼 흘러간다는 말이다. 따라서 광고 이미지에 여섯 가지 기본 원칙을 담는 것은 아주 당연하다. 그러므로 아무리 광고가 기발하고 신선하더라도, 기본적인 원칙이 빠져 있다면 직접적인 광고 효과를 불러일으키기는 어렵다. 순간적인 시선을 끌 뿐이다. 물론, 광고에 있어서 창의성은 꼭 필요한 요소다. 하지만 창의성에 치중한 나머지 소비자를 혼란에 빠뜨려서는 안 된다는 것을 명심하자.

그렇다면 여섯 가지 기본 원칙을 지키는 구체적인 방법과 예시를 살펴보도록 하자.

첫 번째는 '누가'에 관한 것이다. 누가 만든 것인가? 또는 누가 사야하는가? 등의 생각을 확장해 나가다 보면, '누가'에 대한 수많은 대답이 나올 것이다. 그리고 '누가'를 어떻게 풀어서 이미지에 표현할지 고민해야 한다. 예를 들어 구두 광고라면, '30년 구두 장인의 손길을 거친' 또는 '기성화는 싫지만, 맞추기 귀찮은 분은 선택하세요!'라는 식으로 풀어낼 수 있다.

두 번째는 '언제'에 관한 것이다. '언제 사용해야 하는가?', '언제 만들어졌는가?', '언제부터 언제까지 행사하는가?' 또는 '언제부터 언제까지 이 상품이나 서비스가 유지되는가?' 등이 있겠다. '언제'를 다방면으로 대입해봄으로써 시기에 관한 내용을 어떻게 광고에 어필할 수 있을지 고민해야 한다. 예를 들어 고객만족도 1위인 음식물처리기 업체가 할인 행사를 한다고 가정해 보자. 광고에 '5년 연속 고객만족도 1위', '음식물 쓰레기를 버리기 귀찮을 때', '딱 3일뿐' 등의 구체적인 내용을 언급할 수 있을 것이다.

세 번째는 '어디서'에 관한 것이다. 어디서 구매할 수 있는가?, 어디서 참여할 수 있는가?, 어디서 만들어졌는가? 등의 관점에서 생각해 봐야 한다. 만약 '어디서'가 빠져 있다면 어떻게 될까? 소비자는 상품이나 서비스가 마음에 들더라도 정보를 찾아야 하는 과정이 귀찮아서 구매를 포기하거나 미룰 수 있다. '구매를 원한다면, 본사 홈페이지를 참고하세요.'라든지 '참가 신청은 해당 사이트에서 하세요.', '지금 바로 전화나 메시지를 주세요.'와 같이 '어디서'를 명확하게 표현하도록 하자. '강화의 자연이 만들고, KT&G가 캐낸 6년근 인삼'과 같은 표현도 좋은 예라 할 수 있다.

네 번째는 '무엇'에 관한 것이다. 무엇을 팔고자 하는가?, 무엇이 장점 인가?, 무엇으로 만들어졌는가? 등을 생각해 보고, '무엇'에 대한 차별성을 강조하는 것이 좋다. 예를 들어 '수면유도등'의 광고라면, '아이의 수면을 유도하는 전등', '수면에 최적화된 밝기와 숙면을 돕는 주파수', '무독성 친환경 자재로 만든'과 같이 '무엇'의 관점에서 어필할 수 있어야한다.

다섯 번째는 '어떻게'에 관한 것이다. 어떻게 탄생했는가?, 어떻게 만들고 있는가?, 어떻게 사용하는가?, 더 나아가서는 어떻게 다른가? 등을 생각해 볼 필요가 있다. 특히 '어떻게 다른가?'의 관점은 동종업계와는 다른 차별성과 위치를 드러낼 수 있다는 점에서 매우 중요하다. '한때는 아기 띠 소비자인 아기 엄마였으나, 마음에 드는 제품을 찾지 못해 직접 아기 띠 생산자가 되었다.'거나 '식품 생산업자지만, 위생에 더욱 신경 쓰기 위해 제약회사 공장의 위생 시스템을 도입했다.' 등 상품이나 서비스를 '어떻게'의 관점에서 부각할 수 있어야 한다.

마지막은 '왜'에 관한 것이다. '왜 광고를 하는가?', '왜 만들기 시작했는가?', '왜 선택해야 하는가?', '왜 가격이 비싼가 또는 싼가?' 등을 깊이 생각해 보자. 소비자는 수많은 광고에 노출되어 있다. 이들에게 좀더 효과적으로 상품이나 서비스를 어필하기 위해서는 광고를 하는 이유에 대해 정확히 밝히는 것이 좋다. 소비자는 단순히 파는 데만 목적을 둔 듯한 광고를 보면 거부감을 느끼기 때문이다. 특히 '왜'라는 질문은 광고를 진행하는 과정에서 모든 부분에 적용할 수 있을 만큼 중요한 항목이기도 하다. 모든 광고의 문제는 '왜'라는 질문에서 시작되고, 그러한 질문을 던지지 못한다면 어떠한 해답도 얻을 수 없고, 개선도 없기 때문이다.

이처럼 여섯 가지 원칙을 고려하여 광고를 진행해야 한다. 스스로 여섯 가지 원칙에 관한 질문을 던져 보고, 답해 보자. 이때 답은 간결하고 명확해야 한다. 어떤 소비자를 데려와도 이해시킬 수 있어야 한다. 심지어는 소비자가 초등학생일지라도 말이다. 본인이 광고주를 위해 일하는 광고인이든, 직접 광고를 하든, 업체에 광고를 맡기든 간에 기본적인 원칙을 지켜야 한다는 사실을 잊지 말아야 할 것이다.

03
광고와 매출의 관계

·

·

·

    사업을 하는 이들에게 광고와 마케팅은 필수 불가결한 요소라고 생각한다. 그들은 대부분 광고를 하고 있으며, 그 비용을 꾸준히 지급하고 있을 것이다. 실제로 무수히 많은 광고 채널이 존재하며, 광고비를 쓸 곳도 사방에 널려 있다. 중소기업에서 실무를 담당하거나 자영업을 하는 이들이라면, 광고 권유 전화를 하루에도 몇 통씩 받아본 경험이 있을 것이다. 최근에는 권유하는 방법마저 다양해졌다. '이러이러한 것이 안 되어 있으니 해드리겠습니다.', 혹은 '포털 검색에 한 자리가 남아서 연락드렸다.' 등 불법이 난무하는 술수를 쓰기도 한다. 이러한 전화가 아직도 걸려오는 이유는 말도 안 되는 방식의 광고가 지금도 통하고 있기 때문이며, 이런 식으로 인해 피해를 보는 이들도 여전히 존재한다.

얼마 전 한 기업체에서 컨설팅을 하는 과정에서 있었던 일이다. 사장님이 광고비로 월 1,300만 원을 쓰고 있다고 자랑스럽게 이야기하며, 광고는 안 해 본 게 없다고도 덧붙이셨다. 그리고 필자는 본론으로 들어가서 컨설팅을 받고 싶은 점이 무엇인지 여쭤보았다. 사장님은 "광고비는 많이 쓰는 데 비해 수입이 생각보다 적은 것 같고, 매출도 점점 떨어지고 있다."라며 걱정을 내비치셨다. "무턱대고 광고비를 늘리자니 끝이 보이질 않고, 줄이자니 더 깜깜하고, 대체 어떻게 해야 할지 답이 없다." 라고 말씀하셨다.

필자가 세세하게 살펴보니 문제점이 한둘이 아니었다. 사장님은 광고비가 어떻게 지출되고 있는지도 모르는 상태였다. 심지어 광고 초기에 사장님이 광고 비용에 대한 효과성 분석과 콘셉트, 이미지 등에 대해 일차적으로 냈던 의견만 반영된 상태였다. 이와 같은 상태로 4년간 늘 광고 비용을 쓰며 꿋꿋하게 버티신 것이다. 사실 그때까지 버티신 것 자체가 용한 일이었다. 결국, 다각도의 컨설팅 끝에 현재는 약 600여만 원의 비용으로 절반 이상 광고비를 절감했으며, 기존 광고보다 훨씬 좋은 광고 효과를 보고 계신다. 사장님과 필자 모두 본업에 더 자부심을 느끼게 되는 윈윈(win-win)의 결과를 얻을 수 있었다.

같은 물건이라도 가격은 천양지차다. 그래서 물건을 구매할 때는 단가만으로 비교하기보다 그에 맞는 가치와 품질이 따라주는지를 살펴봐야 한다. 광고할 때도 마찬가지다. 단편적인 정보만을 보고, 매출이 오르지 않는 이유를 짚어내는 것은 불가능하다. 따라서 여러 가지 사회적 상황이나 주변 요소 등을 복합적으로 살펴본 후, 고민해봐야 한다. 광고를 어떤 식으로 풀어가느냐에 따라 싼 게 비지떡일 수도, 싸지만 그저 그럴 수도, 비싸지만 제대로 된 것일 수도, 비싸지만 별로라는 결과를 불러올 수도 있으니 말이다.

그렇다고 광고 비용에만 얽매이라는 말은 아니다. 가격으로만 책정하기 어려운 부수적인 가치와 그에 맞는 무형적 가격이 존재하기 때문이다. 예를 들어 청소기의 경우에 단순히 플라스틱 자재나 부품값, 생산 원가 등으로만 가격을 책정할 수는 없다. 청소기 가격의 원가는 유통이나 브랜드 가치, 그 제품을 소유했을 때의 심리적 만족감 등 복합적인 요소가 포함된 것으로 보는 것이 정론이다. 마찬가지로 광고에서도 여러 가지 기법과 복합적인 요소로 가격과 효율을 측정해야 한다.

결론적으로 매출이 오르지 않는 이유는 전반적인 검토가 제대로 이루어지지 않았기 때문이다. 그러므로 광고의 방법, 비용, 전략을 비롯한 복합적인 요소에 대한 검토가 필요하다. 이러한 방법을 모르면 광고를 제대로 운용하기 어렵고, 비용도 효과적으로 분배하지 못하는 등의 문제점이 계속 나타나게 된다. 자신의 몸에 맞지 않는 옷을 입으면, 흘러내리거나 꽉 쪼여 결국 입을 수 없게 되는 것과 같은 이치이다.

필자의 생각이 무조건 정답이라고는 단정할 수 없다. 하지만 최소한의 흐름과 전략을 파악함으로써 본인에게 맞는 옷을 찾아 나가기를 바란다. 시간이 지체될수록 경쟁 상대는 더 큰 매출을 일으켜 우리를 압박할 것이다. 점점 벌어지는 격차가 더 큰 진입장벽을 만든다는 사실을 명심하도록 하자. 이는 광고주에게만 해당하는 이야기가 아니다. 광고를 제작하는 이들도 광고주의 매출을 어떻게 하면 더 오르게 할 수 있을지에 대한 고민을 여러모로 끊임없이 해야 한다. 광고주의 의견만 반영되는 광고가 되어서는 안 된다. 광고주의 성과를 위한 광고가 되어야 한다. 그래야만 광고(광고 비용)와 매출이 함께 상승 구도를 그릴 수 있다.

CHAPTER 3

광고의 8원칙

01

그것을 바라보게 하라!

•

•

•

광고를 진행할 때 대부분 소비자의 시선을 끄는 수단에 가장 큰 비용을 쏟아붓는다. 소비자가 광고를 보도록 하기 위해서는 우선 다양한 매체에 노출해야 하기 때문이다. 시대가 변함에 따라 광고도 진화해 왔다. 지금은 사람이 살아가는 모든 동선에 광고가 존재하고 새로 탄생하는 모든 매체에도 아예 처음부터 광고가 실려서 나오는 시대다.

하지만 필자는 광고를 바라보게 하는 것에 필요 대비 과한 금액을 지급하지 말라고 조언한다. 과도한 광고비는 현 사업이나 제품, 서비스를 유지하는 데 큰 걸림돌이 될 수 있다. 간혹 몇몇 영업직원의 감언이설에 휩쓸려 광고비를 많이 들이면, 무조건 좋은 결과를 얻을 것으로 생각한다. 그러나 이것은 잘못된 생각이다. 목숨을 건 항해에서 배를 판매한 영업 사원에게 키를 맡기는 것과 다름없다.

소비자가 바라보게 하려면 일정한 비용을 부담해야 함은 당연한 이치다. 다만 그 비용이 지나치게 과한지, 아닌지를 충분히 따져보아야 한다는 것이다. 광고 비용은 여러 가지 요소에 의해 달라질 수 있다. 단기, 중기, 장기 등 광고 기간에 따라 달라지며, 대상이 되는 소비자층이 누구냐에 따라서도 달라질 수 있다. 이를테면 고무장갑을 팔고자 하는데, 본인이 즐겨보는 신문의 시사 지면에 광고를 싣는다면 어떻게 되겠는가? 대상층을 전혀 고려하지 않은 광고는 안 하느니만 못한 광고가 된다. 이와 같은 비효율적인 광고는 하지 말아야 한다. 마진율이 낮은 이쑤시개나 성냥을 팔고자 하는데, TV 광고를 하는 것 또한 비효율적이라고 할 수 있다.

그렇다고 무조건 비용이 적게 드는 광고 매체만을 찾는 것은 어리석은 일이다. 광고 예산 범위 내에서 최대한 효율성이 높은 광고가 무엇일지, 해당 광고를 통해 얻을 수 있는 결과는 무엇일지를 고민해야 한다. 단기적인 관점보다는 중장기적인 관점에서 예측해 봐야 한다. 6개월 단위의 중기적인 계획을 세우고, 해당 광고를 최소 3~6개월간 지속해보겠다는 마음가짐을 가져보자. 같은 비용이라면 2주밖에 못하는 광고에 투자하느니, 6개월 동안 할 수 있는 광고에 투자하는 편이 훨씬 낫다. 2주 예산으로 6개월 동안 광고하면, 약 12개 이상의 매체로 6개월 동안 늘려서 진행할 수 있다. 따라서 영역과 기간이 몇 배나 증가하므로 시행착오를 줄이고 효율을 증대시킬 수 있다.

필자의 광고 8원칙 중 '그것을 바라보게 하라'가 첫 번째 원칙인 데는 그만한 이유가 있다. 일단 바라보게 해야, 나머지 7원칙을 적용해 볼 수 있기 때문이다. 바라보게 하는 것은 8원칙에서 가장 기본이 되는 원칙이다. 유의할 점은 가장 기본이 된다는 것이지, 가장 중요한 것은 아니라는 점이다.

예를 들어 비행기를 제작한다고 가정해 보자. 비행기를 제작하려면, 수많은 공정을 거쳐야 한다. 공정의 가장 첫 단계에서 필요한 것은 비행기 제작을 위한 '기획 제안서'다. 기획 제안서는 시작임과 동시에 모든 제작 공정의 기본이 된다. 하지만 가장 중요한 것이라고 볼 수는 없다. 첫 단계 이후의 공정에서 설계, 엔진, 프로펠러 등 단 한 가지라도 제 기능을 못 한다면, 결국 제대로 된 비행기를 제작할 수 없기 때문이다. 그러므로 첫 단계를 중요시하되, 다음 단계들을 소홀히 해서는 안 될 것이다.

광고 역시 마찬가지다. 앞서 말한 것처럼 '그것을 바라보게 하라' 원칙은 광고의 가장 기본이자, 첫 단계다. 하지만 첫 단계부터 고비용을 지출하는 것이 능사는 아니다. 그런데도 대다수의 광고대행사는 검증되지 않은 광고나 적은 비용을 들여도 충분한 광고에 높은 비용을 지출하게끔 유도한다. 하지만 무조건 높은 광고 비용을 지출하는 것은 그들의 영업이익만 늘려줄 뿐, 당신의 매출을 늘리는 데는 크게 도움이 되지 않는다.

따라서 좀 더 전략적으로 소비자가 광고를 바라보게 할 방법을 생각해야 한다. 여기서 포인트는 합리적인 비용으로, 매력적인 위치에, 효율적인 기간에 보여야 한다는 것이다. 덧붙여 '광고의 기본'이 깃들어 있는 디자인 혹은 영상을 통해 바라보게 만들면, 광고의 첫 번째 원칙은 성공적으로 적용했다고 볼 수 있다. 이외의 부수적인 것에는 특별한 의미를 부여하지 않기를 바란다. 일단 소비자가 광고를 바라봤다면, 그 매체가 TV인지 웹인지는 중요치 않다. 결국, 소비자에게 한 걸음 다가갔다는 사실은 같기 때문이다.

광고를 집행하는 데 들어간 비용에 비해 효과가 떨어지는 광고는 멈춰야 한다. 광고사나 광고주 모두 단지 눈에 띄려고만 하는 광고에서 벗어나야 한다. 또 부정적인 내용을 연상케 하는 광고, 단순히 과도한 비용만을 쓰는 광고, 광고 비용 대비 노출 기간이나 노출 빈도수가 현저히 부족한 광고 등을 반드시 경계해야 한다. 따라서, 다각도에서 전략적으로 매체를 선택하고, 비용을 분배하는 것만이 첫 번째 단계를 무사히 통과하는 방법이다.

광고의 1원칙: 그것을 바라보게 하라!
— 바라보게 하는 위치와 효과가 그만한 비용을 지출할 가치가 있는지 철저히 검증하라.

02
그것에 다가오게 하라!

·

·

·

소비자가 광고를 바라보게 하는 것에 성공했다면, 다음으로 무엇을 해야 할까? 자신을 광고에 대입해 생각해 보면, 답은 간단하게 얻을 수 있다. 당신이 원하는 사람이 당신을 바라본 뒤에 그냥 지나쳐 가길 바라는가, 그대로 바라보고 있길 바라는가, 아니면 당신에게 다가오길 바라는가? 당연히 마지막 상황으로 이어지길 바랄 것이다.

광고로 소비자의 시선을 끄는 데만 성공한다면 아무 의미가 없다. 제아무리 기발하거나 창의적인 광고라도 소비자를 다가오게 만들 수 없다면, 전혀 쓸모없는 것이다. 여기서 다가오게 만드는 것은 관심을 끌게 만든다는 것이다. 소비자가 궁금하게 만들거나 관심 있던 정보처럼 보이게 만드는 것이 중요하다. 당신이 봤던 광고 중 대다수는 당신의 원래 생각과는 다르게 궁금증이 생긴 경험이 있을 것이다. 그래서 각종 포털의 뉴스나 유튜브 등의 여러 채널이 고객을 궁금하게 만드는 데 열을 내고 있는 것이다.

그렇다면 소비자가 다가오게 만들기 위해서는 어떤 이미지나 내용을 써야 할까? 엄청난 비용과 인력을 투입해 작품성이 뛰어난 광고 한 편을 제작하는 것이 좋을까? 하지만 이러한 방법으로는 광고인이나 소비자의 볼거리를 만드는 데는 도움이 될지언정, 제일 중요한 광고주의 매출에는 별 도움이 되지 못할 수도 있다. 광고 대회에 나갈만한 수준, 그 이상도 이하도 아니라는 것이다. 기발해야만 소비자를 다가오게 할 수 있는 것이 아니라는 이야기다. 그리고 비싼 비용을 써 가면서 고작 광고 대회에서 상 받는 것을 목표로 하는 광고주는 없다.

물론 소비자의 구매욕을 자극하면서 기발하기까지 한 이미지라면, 그것은 백 점짜리 광고일 것이다. 그러나 두 마리 토끼를 다 잡는 것은 어렵다. 한쪽으로 치우치게 되기 쉽기 때문이다. 그러므로 기발함보다는 소비자가 찾고 있던, 혹은 관심이 있던 내용을 어필할 수 있는지가 훨씬 중요하다. 그래야 소비자가 다가오게 할 수 있다. 웹에서는 노출 대비 클릭률을 높일 수 있으며, 오프라인에서는 노출 수 대비 인지도를 높일 수 있다.

특정 매체를 이용한 타깃 광고가 아니라면, 그 광고를 보는 사람의 50% 정도는 의도하지 않은 불특정 다수라고 할 수 있다. 이들은 애초에 해당 상품이나 서비스에 관심이 없는 자들이다. 그래서 이런 사람들은 어떤 수를 쓴다 해도 구매로 이어지게 만들기가 쉽지 않다. 그러므로 50%의 불특정 다수를 잡기 위해 에너지를 쏟을 필요는 없다. 나머지 중 30% 정도의 사람들을 목표로 잡는 것이 효율적이다. 즉, '필요할지도 모르는 사람이 이 광고를 본다면?'을 전제로 하여 광고를 제작하는 것이 제일 현명하다. 그래야만 8단계까지 끌고 갈 수 있는 정예 멤버의 초석을 마련할 수 있을 것이다.

앞서 말한 바와 같이 기발함에 초점을 맞춘 광고는 소비자의 시선을 끌기 쉬울지는 몰라도, 구매까지 이어지게 만들기는 어렵다. 광고의 목적은 그저 바라보게 하는 것이 아니다. 100%의 사람들이 바라보게 하는 것보다 30% 사람들이 구매하게 만드는 것이 더 중요하다.

그렇다면 우리가 겨냥하는 30%의 소비자가 다가오게 하기 위해서는 어떤 것들을 내세워야 할까? 이것 역시 답은 간단하다. 소비자의 관점에서 생각하고, 소비자들이 원하는 내용 일부를 광고에 담으면 된다. 가장 간단하면서도, 확실한 방법이다.

광고하고자 하는 것이 제품이든, 서비스든, 사업이든 간에 소비자가 진정 필요로 하는 것이 무엇인지를 고민해야 한다. 그리고 소비자가 필요로 하는 것 중, 광고주나 본인이 갖추고 있는 것들을 추려내도록 하자. 만약 없다면, 앞서 말했던 것처럼 복합적인 요소들을 검토하여 전략적이고 과감한 제안을 할 수 있어야 한다. 그렇게 찾아낸 장점 몇 가지를 모아 명확하게 내세운다면, 분명 소비자를 다가오게 만들 수 있을 것이다.

이외에 소비자의 구매를 촉진하기 위한 이벤트를 제시하는 것도 좋은 방법이다. 필자의 개인적인 견해로는 가격을 할인해 주는 것보다 제품에 옵션을 더해 주는 것이 더 효율적이라고 본다. 약간의 금액 차이라면, 조금 더 주고 더 좋은 것을 구매하려고 하는 경우가 많기 때문이다. 경쟁업체가 가격을 할인한다고 해서 위축될 필요는 없다. 대신 우리는 소비자에게 더 많은 것을 제공해 줄 수 있지 않은가.

예를 들어 2,000원짜리 샤프 100자루를 판매한다고 가정해 보자. 이때 가격이 20% 할인된 1,600원짜리 샤프보다는 500원짜리 샤프심을 추가로 증정해 주는 것이 고객의 구매 욕구를 더욱 자극할 수 있다는 말이다. 그리고 이러한 이벤트는 실제 마진율에서도 영향을 준다.

이 샤프의 원가가 1,000원이라고 한다면, 20% 할인된 금액인 1,600원에 판매할 때는 600원의 이윤이 남는다. 반면에 샤프심의 원가가 300원이라고 한다면, 할인하지 않고 샤프심을 증정하면 700원의 이윤을 얻을 수 있다. 그뿐만 아니라, 추가 증정을 함으로써 소비자에게 두 가지를 동시에 얻었다는 만족감을 줄 수 있다. 나아가 샤프심을 사러 와야 하는 수고를 미리 덜어준다는 점에서 더 큰 만족감을 줄 수도 있다.

소비자를 다가오게 만드는 방법에는 여러 가지가 있다. 이벤트를 할 수도 있고, 제품의 성능이나 브랜드를 부각할 수도 있고, 디자인을 강조할 수도 있다. 방법은 자유롭게 선택해도 상관없지만, 핵심은 하나다. 소비자의 관점에서 고민하여 장점만을 뽑아 '끌리는 정보'처럼 만드는 것이다. 이것만 명심한다면 두 번째 단계 역시 성공적으로 통과할 수 있을 것이다.

> **광고의 2원칙: 그것에 다가오게 하라!**
> – 다가오게 하는 전략이 바라보는 위치와 특성, 고객과 맞아떨어져 관심을 끌 수 있는지 확인하라.

03

그것을 생각하게 하라!

●

●

●

소비자가 광고를 바라보고, 다가오게 하는 것까지 성공했다면, 다음
으로는 무엇을 해야 할까? 이제부터는 관심이 있는 30%의 소비자를 대
상으로 본격적인 굳히기에 들어가야 한다. 애초에 관심이 없던 소비자
의 경우에는 대개 이쯤에서 시선을 돌리기 마련이다. 굳이 이들의 관심
까지 끌기 위한 광고를 만들 필요는 없다. 설령 관심을 끈다고 해도, 구
매까지 이어지도록 하려면 갈 길이 너무 멀지 않겠는가. 대상을 광범위
하게 넓힐수록 효율이 떨어질 것은 분명한 사실이다.

관심이 있는 30%가 우리의 광고에 이미 다가왔다고 가정해 보자. 어
떻게 본격적인 굳히기를 할 수 있을까? 그들에게 미끼를 던져야 한다.
실속이 있는 관련 정보나 관심 분야 내의 색다른 정보 또는 재미, 이벤
트 등 미끼가 될 만한 것이라면 무엇이든 제시하는 것이 좋다. 일단 다

가온 소비자가 계속 머무를 수 있도록, 상품이나 서비스를 매력적으로 만드는 것, 이것이 포인트다.

　머무르게 하는 것은 가까이 와서 생각하게 만드는 것이다. 소비자가 생각하게 하거나, 정보를 먹고 싶게 만들어야 한다. 식탁에 맛있는 음식이 많이 놓여 있다. 이미 관심은 끌었기에 무엇을 먹게 하느냐가 이 단계에서 할 일이다. 정보를 먹게끔 만들어라. 누르게 만들고, 맛있는 정보와 궁금한 정보 속에서 빠져나가지 못하게 만들어라. 이때 정보를 직관적으로 제공하는 것보다는 독특한 정보를 흘리거나 의문형을 사용하는 것이 효과적이다. 통상적으로 실력 있는 광고 제작사에서 이러한 광고 기법을 많이 사용하는데, 그만큼 효율이 높다는 방증일 것이다. 덧붙이자면, 의미가 있는 통계 자료나 흥미로운 관련 자료를 제시하여 궁금증을 유발하는 방법으로도 신선한 사고를 유도할 수 있다.
　예를 들어 척추 교정 병원의 광고를 한다고 가정해 보자. '교정 치료만 전문으로 합니다.', '실력 있는 원장이 치료합니다.' 등의 광고와 '성인과 유아의 척추뼈 개수가 다른 것을 아시나요?'와 같은 광고 중, 어느 쪽이 더 소비자가 생각하게 만들 수 있겠는가. 후자의 경우, 사람들이 신기하게 생각할 만한 정보를 던짐으로써 호기심을 자극하고 있다. 남녀노소를 불문하고, 교정에 관심이 있던 이들은 '뭐지?'라며 고개를 갸우뚱하게 될 것이다. 여기서 그치지 않고, '유아의 경우에는 33개의 척추

뼈를 가지고 있지만, 자라면서 뼈가 합쳐져 26개로 줄어듭니다. 그래서 우리는 그것을 이용하여~'와 같은 정보와 함께 다른 정보로 자연스럽게 유도하면 더욱 좋다.

생각하게 하는 것이 중요한 이유는 소비자가 더 오래 기억하고, 더 적극적으로 받아들일 수 있게 되기 때문이다. 우리의 뇌는 생각함으로써 수많은 정보를 필터링한다. 그리고 필터링을 거칠수록 기억에 오래 남는 특성이 있다. 그리고 생각을 통해 '보았다.'에서 '궁금하다.', 즉 단순 정보에서 심화 정보로 변환되는 과정을 겪기 때문에 더 적극적으로 정보를 받아들일 준비를 하게 된다. 이처럼 그저 단순한 정보를 전달하기보다는 소비자가 생각하게 할 수 있는 내용을 던져야 한다. 정보를 살짝 비틀어 주거나 생소하게 느끼도록 하는 등의 전략이 도움이 될 것이다.

그러기 위해서는 먼저 생각하게 만드는 해당 카테고리와 관련된 정보들을 취합해보는 과정이 필요하다. '왜 여름철에 교통사고가 자주 발생할까요?', '더는 광고하지 마세요. 광고는 약 70%의 확률로 무의미합니다.', '집안의 공기가 바깥의 공기보다 140% 더 나쁘다는 것(통계청 조사 결과)을 아시나요?'와 같은 정보들을 수집하고, 여기서 영감을 얻어 생각하게 하는 내용으로 바꾸어 보는 것이다. 그리고 이것을 광고의 도입부에 자연스럽게 녹여내도록 하자. 그럼 광고에 다가온 소비자는 자신도 모르게 광고를 유심히 관찰하게 되고, '본인이 찾던 정보'라고 오인하게 되면서 받아들이고 당신을 친숙하게 여길 것이다.

만약 새로운 정보가 없거나 관련된 정보를 찾지 못한 때는 재미있는 유머를 관련 카테고리와 엮어보는 방법을 사용해볼 수도 있다. 이러한 방법은 소비자를 웃게 만들 수 있고, 그만큼 기억에 오래 남게 할 수 있다는 장점이 있다. 단, 유머에만 너무 치중해서는 안 된다. 해당 카테고리와의 연관성을 반드시 고려해서 제작해야만 매출에 도움이 될 수 있다는 점을 명심하자.

필자는 이번 3단계의 핵심과 적용 방법에 대해 알려 주었다. 나머지는 광고 담당자의 몫이다. '그것을 생각하게 하라'는 핵심에 초점을 맞추고 치열하게 고민해 보면, 그에 걸맞은 결과를 만들어 낼 수 있을 것이다.

> **광고의 3원칙: 그것을 생각하게 하라!**
> – 공략할 고객이 생각하고, 받아들이고, 집중할 수 있는 매력적인 무언가를 던져라.

04
그것이 필요하게 하라!

·
·
·

지금까지 소비자가 바라보고, 다가오고, 생각하게 했다. 이제 그들은 당신의 광고를 충분히 받아들일 준비가 되었다. 하지만 목표로 잡았던 30%의 소비자를 모두 공략하지는 못했다는 사실을 인정해야 한다. 시간이 부족했거나, 포인트를 잘못 짚었거나 등의 이유로 중도에 떠나간 이들은 있기 마련이다. 떠나간 것에는 미련을 두지 말자. 이제부터는 남아 있는 소비자들에게 집중적으로 어필하는 것이 더 중요하다.

남아 있는 소비자는 해당 카테고리에 대해 기본적으로 관심이 있던 사람들이라고 볼 수 있다. 그리고 우리가 제공한 정보를 이미 충분히 살펴봤을 확률이 높다. 따라서 더욱 효과적이고, 적극적인 어필이 필요한 단계에 들어섰다고 볼 수 있다.

이 단계의 핵심은 소비자에게 그것이 필요하게 만들어야 한다는 것이다. 필요하게 만들기 위해서는 소비자의 마음을 간파할 수 있어야 한다. 먼저 남아 있는 소비자를 유형별로 나누어 보자. '사용 경험은 없지만, 구매를 계속해서 생각하고 있던 사람', '이미 사용하는 제품이 있지만, 좀 더 다양한 제품을 사용해보고 싶은 사람', '기존에 사용하던 제품에 불만이 있어 다른 제품에 관심을 돌리고 있던 사람', '현재 사용하는 제품에 그럭저럭 만족하며 쓰고 있는 사람' 등 다양한 유형으로 나누어 볼 수 있을 것이다. 그리고 이들에게는 공통점이 있다. 유형에 따라 강도는 조금씩 다르겠지만, 잠재적인 구매 의사를 지니고 있다는 점은 같다.

그렇다면 이들에게 어떠한 방식으로 어필하는 것이 좋을까? 우리는 이들이 '구매해야 할' 또는 '바꿔야 할'만한 필요성을 제시할 수 있어야 한다. 그리고 해당 카테고리에서 널리 통용되는 상식을 바꾸어 생각할 수 있도록 만들어야 한다. 기존에 사용하던 것과 크게 다르지 않을 것이라는 느낌을 주면, 소비자는 그것이 굳이 필요하지 않을 것이기 때문이다. 소비자가 '괜찮은데?', '좋은데?', '끌리는데?', '안 그래도 필요했는데'라는 생각이 들도록 해야 한다.

그러므로 어떤 내용을 어떻게 제시해야 소비자가 필요하게 만들 수 있을지에 대한 고민이 필요하다. 쉬운 방법부터 차근차근 생각해보도록 하자. 가장 쉽게 접근할 수 있는 소비자 유형은 '사용 경험은 없지만, 구매를 계속해서 생각하고 있던 사람'이다. 이들은 쌓아 둔 정보가 많지 않기 때문에 이번 단계의 광고를 완벽한 정보로 인식하는 경향이 강하다. 그러므로 포인트만 잘 짚어 준다면, 다음 단계로 넘어올 가능성이 크다.

예를 들어 술자리를 즐기는 애주가들을 위한 와인을 광고한다고 가정해보자. 한국인들은 정서상 소주와 맥주에는 친숙하지만, 와인은 상대적으로 낯설게 생각한다. 이들에게 와인을 필요하게 만들기 위해서는 어떻게 해야 할까? '세계 10대 슈퍼 푸드로 만들었습니다.' '더는 술 마실 때 칼로리에 스트레스받지 마세요.' '레드와인은 오히려 다이어트에 도움이 됩니다.' '이제 술도 건강을 생각하며 선택하세요!' 등의 내용을 광고에 담는 것이 효과적일 것이다. 만약 일반 음식점을 대상으로 한다면, 사장님들이 가게 내에 이 와인을 판매용으로 진열하도록 유도할 수도 있다. 음식점에서 꼭 소주와 맥주만 팔아야 하는 것은 아니라는 인식을 심어주는 것이다. 이처럼 '필요하게 만드는 것'에 초점을 두어 광고를 제작하면, 술자리에 와인을 직접 사 들고 가거나 가게에 와인을 진열해 봐야겠다는 생각이 들게 만들 수도 있다.

다만 이 단계에서 주의할 점은 무작정 해당 제품에 대한 장점만을 어필해서는 안 된다는 것이다. 계약 성사율이 높은 보험설계사들의 경우, 처음부터 고객에게 보험 가입을 권유하거나 호소하지 않는다. 그들은 보험이 왜 필요한지부터 이야기하여 고객이 스스로 필요성을 느끼도록 만든다. 은행에서 일하는 VIP 담당 직원도 처음부터 판매하려는 펀드의 장점만을 늘어놓지는 않는다. 오히려 주식 상품의 위험성을 설명해 주면서 상대적으로 펀드의 장점을 돋보이게 한다. 소비자가 필요성을 느끼기도 전에 다짜고짜 본론으로 들어가게 되면, 거부감을 주기 마련이니 조심해야 한다.

그러므로 먼저 소비자가 어떤 것을 구매하기 전에 주의해야 할 점 또는 살펴봐야 할 점, 해당 제품군이 지니고 있는 장단점 등을 인지할 수 있도록 광고를 구상해야 한다. 덧붙여 필요성을 제시할 때는 단도직입적인 방법보다 우회적인 방법이 더 효과적이라는 것을 기억하자.

간단히 정리하면, '필요하게 한다.'라는 것은 소비자가 '해당 제품을 사야겠다!'라고 마음먹게 만드는 단계다. 이 단계에서는 더도 말고 덜도 말고, 딱 그 제품이 필요하게끔 만들면 된다. 소망하게 만드는 것은 다음 단계에서 해야 할 일이다.

광고의 4원칙: 그것이 필요하게 하라!
– 필요하게 만들기 위해서는 먼저 고객의 관점에서 큰 그림을 그리는 연습부터 하라.

05

그것을 소망하게 하라!

●

●

●

소비자가 광고를 통해 해당 제품을 필요로 하는 단계까지 이르렀다. 어느 정도는 구매할 마음을 먹은 상태라고 보아도 무방할 것이다. 그러므로 지금까지 공격 위주의 포지션을 취했다면, 이제부터는 공격과 수비 모두 신경을 써야 하는 단계다. 기껏 공들여 필요하게 만드는 데 성공했는데, 소비자를 다른 제품군에 빼앗길 수는 없지 않겠는가. 이는 단기적으로도 손해지만, 장기적으로는 더 큰 손해다. 단기적으로는 1명의 소비자가 다른 제품으로 돌아서는 것에 불과할지 몰라도, 장기적으로 그 소비자를 다시 돌아오게 하는 데에는 수배의 노력을 들여야 하기 때문이다.

대부분 같은 카테고리의 제품들은 자세히 살펴보지 않는 이상, 유사해 보이는 특성이 있다. 그러므로 해당 제품의 매력을 더 강하게 분출할 필요가 있다. 다른 제품과 비교하면서 장점을 나열하거나, 해당 제품의 '다름'을 강조하는 식으로 말이다. 실제로 다르다면 제일 좋겠지만, 크게 다르지 않다고 해도 광고에는 다르게 보이도록 표현해 내야 한다.

이러한 방법을 통해 소비자가 같은 카테고리의 여러 제품을 둘러보더라도, 결국 해당 제품을 소망하게 만드는 것이 중요하다. '소망하게 만든다.'라는 것은 다시 찾고 싶도록, 생각나도록 만든다는 것이다. 모든 삶에 경쟁이 따르는 것처럼 광고 또한 경쟁이다. 경쟁 상대보다 좋아 보이지 않으면, 뒤처지게 되는 상대평가와 다름없다. 그러므로 경쟁업체보다 좋은 포지션을 구축하기 위한 타이밍을 잘 잡아내야 한다. 그렇지 않으면 어느새 경쟁업체가 단점을 보완하고, 우리 제품의 장점마저 흡수하여 소비자들의 사랑을 한 몸에 받게 될지도 모른다. 의외로 이러한 상황을 만드는 원인이 광고 담당자인 경우가 비일비재하다. 그만큼 경계를 늦추지 말아야 할 것이다.

필자의 경우를 예로 들어보겠다. 필자는 광고인이자, 마케터로서 현업에 종사하고 있다. 광고 담당자이면서 동시에 기획제작자이기도 하다. 그리고 이외에도 필자에게는 중고등학교 교사, 기업인, 교수, 연구소장 등 제법 많은 직함이 따라다닌다. 하지만 이렇게 많은 직함이 하루아침에 만들어진 것은 아니다. 비단 필자가 잘나서 이뤄낸 것도 아니다.

광고주의 요청을 끊임없이 수렴하고, 적용하고, 발전시키며 쌓은 필자의 경험과 노하우가 이뤄낸 결과이다. 이러한 경험과 기술을 바탕으로, '광고주의 가치를 높이고 빛나게 해 주겠다.'라는 신념을 담아 독자적인 마케팅과 광고 관련 특허 및 상표권을 10여 개 출원하기도 했다. 현재 필자의 광고 시스템은 업계에서 꽤 인정을 받고 있다. 더불어 많은 고객들이 필자에게 컨설팅을 받고자 한다. 이는 고객들이 동종업계의 수많은 서비스 중에서 필자의 서비스를 '소망하게' 만들었기에 가능한 일이다. 반면에 필자가 고객들이 '소망하게' 만들지 못했다면, 어떤 결과가 발생했을까? 우스갯소리로 망했을지도 모른다. 그사이에 다른 업체나 전문가들이 발 빠르게 자신들의 단점을 보완하고, 필자의 장점을 모방해서 새로운 고객을 유치할 게 뻔하기 때문이다.

누구나 쉽게 바라볼 수 있는 마트의 매대를 하나의 광고판이라고 생각해 보자. 그리고 소비자는 치약을 구매하려고 한다. 수많은 치약이 한 카테고리에 진열되어 있을 것이다. 그 안에서 각기 다른 치약들이 각기 다른 패키지로 소비자들을 유혹하고 있다. 광고 담당자가 자신의 기지를 발휘해야 하는 순간이 바로 이때다.

실제로 치약의 성분이나 효능은 각각 조금씩 다르다. 이때 5%의 '실제적 차이'를 30%의 '체감적 차이'로 만들 수도 있고, 30%의 '실제적 차이'를 70%의 '체감적 차이'로 만들 수도 있다. 심지어 30%의 실제적 차이를 0%로 만들 수도 있다. 즉 엄청난 시간과 비용을 투자해 개발한 차별화된 제품을 오직 광고의 힘만으로 더 뛰어나 보이게 만들 수도, 비숫해 보이게 만들 수도 있다는 것이다.

이 단계의 핵심은 장점을 더욱 강조하고, 단점은 보완할 수 있어야 한다는 것이다. 만약 장점이 정말 없는 경우라면 광고 담당자로서 장점처럼 보이게 만들 수 있는 아이디어를 제안하고 광고주를 설득해야 한다. 그런데 단점이 너무 넘치는 제품이라면 개선을 요구하거나 다른 광고를 맡아서 진행하는 것이 현명하다. 이러한 것들을 가능하게 만들어야 비로소 소비자를 소망하게 할 수 있다.

광고의 5원칙: 그것을 소망하게 하라!
– 소망하게 하려면 소비자의 관점에서 원하는 것이 무엇일지 살피고 강조하라.

06

그것을 구매하게 하라!

•

•

•

앞선 다섯 단계를 거쳐, 소비자를 소망하게 만드는 데까지 성공했다. 이제는 소망하는 마음을 행동으로 옮기게 만들어야 한다. 즉, 소비자가 구매하게 만들어야 한다는 것이다. 이것은 광고의 기본 중에도 가장 기본이다. 광고를 통해 소비자를 설득하고, 결국 구매에 이르도록 하는 것이 궁극적인 목적이기 때문이다. 만약 이 부분에서 그동안 공들였던 소비자를 놓쳐버린다면 매우 안타까운 일이다. 안타깝다 못해 이런 기본적인 것을 놓친 것은 광고인으로서 통탄해야 할 일이다.

광고의 아버지라 불리는 데이비드 오길비(David Ogilvy)조차 "광고란 결국 구매하게 만드는 것"이라고 말한 바 있다. 이런 이유로 이번 단계는 특히 더 중요하다. 구매하게 만들지 못하면, 소비자를 놓치게 되기 때문이다. 그뿐만 아니라 여태껏 들인 시간과 비용, 노력이 모두 물거품이 되고 만다.

그런데도 기본을 잃어버린 광고를 주변에서 쉽게 볼 수 있다. 기본을 지키는 것이 가장 힘든 일이라는 말도 있지 않은가.

TV를 켜거나 포털사이트에 접속해 보면, 말하고자 하는 바가 무엇인지 도무지 알 수 없는 광고들이 많다. 그리고 대부분 광고는 4단계인 '필요하게 하라'에도 미치지 못하는 경우가 많다. 그중 일부만이 5단계인 '소망하게 하라'까지 성공시키며, 6단계인 '구매하게 하라'를 성공시키는 경우는 정말이지 극소수에 불과하다.

필자는 광고를 즐겨 보지 않는다. 가끔 보더라도 광고 조사 차원에서 보는 정도다. 한번은 실제로 구매하고 싶은 제품이 생겨 직접 검색한 적이 있다. 그런데 아무리 검색해도 그 제품의 판매처를 찾을 수가 없었다. 한동안 헤맨 끝에 간신히 해당 제품의 홈페이지를 찾아 들어갈 수 있었다. 이제 주문만 하면 되겠다 싶었다. 그런데 이번에는 회원가입이 필요했다. 요구하는 정보를 충실히 기재하고 나니, 자동 가입 방지 문자를 입력해야 했다. 그런데 분명히 제대로 입력했는데도 계속해서 틀렸다는 메시지가 떴다. 문의를 위해 고객센터 번호로 전화를 걸었지만, 끝내 연결되지 않았다. 해당 제품을 구매하고 싶던 마음이 순식간에 식어버렸다. 결국 필자는 결제를 미루게 되었고, 한참 후에 비슷한 카테고리의 다른 제품을 구매해서 지금까지 꾸준히 사용하고 있다.

필자의 사례를 통해서도 알 수 있듯이, 소비자가 '미루지 않고, 즉시 구매하도록' 만드는 것이 중요하다. 그러기 위해서는 접근성이 좋게 만들어야 한다. 구매 및 상담에 관련된 시스템을 잘 갖추는 것이 우선이다. 홈페이지나 오픈마켓, 카드 결제, 간편 결제, 전화, 카카오톡, 네이버 톡톡, 온라인상담 등 접근성을 높여 주는 매체나 시스템은 많다. 만약 이에 대한 준비가 되어 있지 않은 상황이라면, 광고 담당자는 광고주에게 요청해 개선되도록 해야 한다. 그리고 개선된 부분을 반드시 광고에 나타내야 한다.

소비자는 구매과정에서 불편함과 불쾌감을 느끼는 순간, 구매를 미루거나 포기하게 되기 때문이다. 소망하던 마음이 실망으로 바뀌게 되는 것이다. 심지어는 분노로까지 이어질 수도 있다. 그러면 해당 제품을 두 번 다시 구매하려 하지 않게 될 것이고, 나아가 안티로 돌변할 가능성마저 생기게 된다. 이러한 불상사를 미리 방지하는 것 역시, 광고 담당자의 몫이다.

이번에는 지하철 광고를 예로 들어보겠다. 얼마 전, 지하철역에서 사람 그림에 허리, 무릎, 목, 다리, 팔 부분에만 동그라미 표시를 해 둔 광고를 보았다. 이외에 부수적인 정보는 아무것도 담겨 있지 않았다. 병원 이름만 덩그러니 적혀 있을 뿐이었다. 병원의 위치를 바로 알 수는 없었다. 그래서 일부러 포털사이트에서 해당 병원의 이름을 검색해

보았지만, 같은 이름의 병원이 너무 많았다. 지나가며 그 광고를 제법 오랜 기간 본 것 같은데, 아무런 정보도 얻지 못했다. 필자가 알기로 그 광고 위치는 매월 300만 원 정도의 비용이 들어가는 자리였다. 그런 괜찮은 위치에 상당한 비용을 쓰면서 알 수 없는 이미지만 떡하니 보여 준 것이다.

물론 해당 광고 담당자의 의도는 충분히 짐작할 수 있다. 아마 최근 트렌드에 맞춰 심플함을 강조함과 동시에 고급스러움을 표현하고 싶었을 것이다. 하지만 앞서 말했듯이 광고의 기본은 소비자가 구매하도록 만드는 데 있다. 그런 의미에서 이 광고는 대체 누굴 위한 광고인지 의문이 들 수밖에 없다. 광고를 보고 병원을 이용하고 싶은 마음이 생기더라도, 관련 정보를 찾는 것조차 불가능하기 때문이다. 가장 중요한 '소비자가 구매하게 하는 것'에 완전히 실패한 광고라고 볼 수 있다. 만약 그 광고가 필자가 지나간 곳 외에 다른 곳에서도 집행되고 있다면, 매월 300만 원보다 훨씬 큰 비용이 공중분해되고 있는 것이다.

이 단계에서 반드시 주의해야 할 사항이 있다. '성급한 일반화의 오류'를 범하지 말라는 것이다. 필자나 주변 사람들의 경우, 특히 더 선호하거나 혹은 선호하지 않는 매체가 있다. 필자 역시 자주 사용하는 매체는 몇 가지로 한정되어 있다. 그러나 일반 소비자들의 매체별 선호도는 각기 다를 수 있다. 일례로 QR 코드는 네이버 검색창에도 바로 찍을 수 있는 기능이 탑재되어 있으며, 실제 사용자도 상당히 많다. 하지만 필자는 QR 코드를 거의 사용하지 않는다. 누군가는 굉장히 편리하다고 여기겠지만, 필자는 불편하다고 느끼기 때문이다. 따라서 소비자의 선호 매체에 대해서는 모든 가능성을 열어두고, 다양한 매체를 통해 접근하는 것이 좋다.

그리고 어떤 매체를 통해 광고하든 소비자가 구매하게 하려면, 구매 과정의 '수고로움'을 최대한 덜어주는 것이 중요하다. 최대한 다양한 가능성을 열어두고, 변화하는 소비자의 접근 패턴을 항상 고려하여 활용하도록 하자. 고지를 눈앞에 두고도 승리를 거두지 못하는 일은 만들지 않길 바란다.

> **광고의 6원칙: 그것을 구매하게 하라!**
> – 구매하게 하려면 길거리 자판기만큼 누구나 쉽게 구매할 수 있는 시스템을 갖춰라.

07

그것에 만족하게 하라!

•

•

•

소비자의 마음은 우리가 생각하는 것보다 훨씬 복잡하다. 소비자는 구매한 제품이 마음에 들더라도 쉽게 만족하지 않는다. 아니, 만족하더라도 쉽게 표현하지 않는다는 게 더 정확할 것이다. 마음에 드는 것과 만족하는 것은 엄연히 다르다. 만족한다는 것은 '좋다'고 느끼는 것이고, 만족한 것을 표현한다는 것은 '좋다고 인정'하는 것이다.

그런데 단순히 제품의 질이 좋고, 사용이 편리하다는 점으로 소비자를 온전히 만족시키기는 힘들다. 그리고 만족을 표현하게 하는 것은 더더욱 힘들다. 대부분 소비자는 여러 가지 제품들을 비교함으로써 객관적으로 판단하려는 냉철함을 갖고 있기 때문이다.

그렇다면 어떻게 해야 소비자를 만족시킬 수 있을까? 대다수의 광고 담당자는 광고 단계에서 소비자를 만족시키는 것 자체가 불가능하다고 여긴다. 아예 염두에 둘 생각조차 하지 않는 이들도 많다. 이런 이유로 구매하게 만드는 단계까지는 성공하더라도, 만족하게 만드는 단계에서 포기하는 경우가 태반이다.

그러나 불가능한 것을 가능하게 만드는 것 또한 능력이다. 인간은 사회적 동물이며, 정신분석학자 라캉(Jaques Lacan)의 말처럼 '타인의 욕망을 욕망'하는 습성이 있다. 쉽게 말해 남들이 바라는 것을 따라서 하려는 습성이 있다는 것이다. 이러한 논리를 광고에 적용해 보자.

첫 번째는 여론을 만드는 방법이다. 신뢰할 수 있는 기관이나 공신력 있는 곳에서 인정받거나 언론에 자주 노출하는 방법을 통해 소비자의 만족감을 높일 수 있다. 소비자는 실제로 제품에 대해 다소 아쉬움을 느낄지라도, 남들이 좋다고 인정하면 정말 '좋다고 인정'하게 된다. 예를 들면 '소비자 만족 대상', '브랜드 경영 대상' 등 상장이나 상패를 통해 해당 제품의 인지도를 높일 수 있다. '미국 FDA 인증', '식약처 인증' 등 각종 인증마크를 내세우는 것도 좋은 방법이다. 물론 제품의 질이 기대에 너무 못 미치는 경우는 예외다. 하지만 대부분은 제품에 대한 실제 만족도가 7~80%만 되어도, 여론을 따라 90%의 만족도를 보이게 된다.

두 번째는 이미 만족한 사람의 후기를 대표로 제시하는 방법이다. 어떤 제품을 10명이 구매한다고 가정했을 때 해당 제품의 질이 매우 좋다면 8명, 호불호가 갈리는 제품이라면 4명, 특출날 것 없는 제품이라면 2명 남짓이 만족감을 느낄 것이다. 바꿔 말하면 모두를 만족시킬 수는 없어도, 누군가는 만족시킬 수 있다는 것이다. 만족한 소비자가 많을수록 좋긴 하겠지만, 적어도 상관없다. 만족한 한두 명의 후기라도 모아서 반드시 광고에 제시하도록 하자. '좋다고 인정'하는 사람의 후기를 보여줌으로써 소비자를 '좋다고 인정'하게 만들 수 있다. 즉, 이미 만족한 소비자의 후기와 같은 관점으로 해당 제품을 바라보게 된다는 것이다.

예를 들어 소비자가 지갑 하나를 구매했다고 치자. 외형적으로는 뻣뻣한 가죽에 겉면에 로고 하나 박혀 있지 않은 투박하기 짝이 없는 지갑이다. 하지만 내부공간을 알차게 분배해 놨으며, 카드를 집어넣는 부분도 내구성이 좋아 쉽게 헤지지 않는다. 여기서 가죽이 뻣뻣한 이유는 원가 절감을 위해 소가죽을 특별 가공하지 않았기 때문이라고 가정하자.

만약 이 지갑을 광고한다면 무엇을 무기로 내세우겠는가. 소비자에게 디자인에 대한 호감을 강요할 수는 없을 것이다. 지갑의 내구성, 내부공간의 활용도, 심플한 디자인, 가격 등을 강점으로 내세워야 한다. 이를테면 '정말 튼튼해서 3년째 찢어짐 없이 사용 중이다.', '군더더기 없이 깔끔한 디자인에 로고도 없어서 주변에서 수제품이냐고 많이 물어본다.', '내부 수납공간이 많아 잔돈을 보관하기에도 편리하다.', '가죽을 특별 가공하지 않아 고급스러워 보인다.', '가성비가 너무 좋다.' 등의 후기를 제시하는 것이다. 이러한 후기를 접한 소비자는 구매 후에 디자인이나 재질에 대해서 특별히 불만을 표시하지 않게 된다. 오히려 단점을 장점으로 받아들이게 되고, 장점은 더 큰 장점으로 받아들이게 되는 것이다.

세 번째는 만족했다고 말하게 만드는 방법이다. 좋다는 말을 내뱉는 순간, 우리의 뇌는 실제로도 정말 좋다고 인식한다. 따라서 소비자들이 후기를 달거나, 평점을 줄 수 있는 공간을 마련해 주는 것이 좋다. 추첨을 통해 선물이나 적립금을 주는 등의 이벤트를 진행하여 후기를 남기도록 유도하는 것도 좋은 방법이다. 만족한 후기를 직접 작성한 소비자의 경우, 실제로도 정말 만족할 확률이 높다. 만약 제품에 대해 불만스러운 점이 생겨도, 만족하는 방향으로 회귀하게 되는 경향이 있기 때문이다. 무의식적으로 본인이 내뱉은 말에 책임을 지려는 것이다.

어떤 사람을 처음 만났을 때의 느낌과 한참 알고 지낸 후의 느낌이 달랐던 경험은 누구나 있을 것이다. 똑같은 음식이라도, 배고픈 상태에서 먹을 때와 배가 부른 상태에서 먹을 때의 맛이 다른 것처럼 말이다. 영화를 보고 나서도 마찬가지다. 관람 후에 바로 평점을 줄 때는 당시의 감동이 평점으로 고스란히 연결되지만, 몇 주가 지난 후에 평점을 줄 때는 객관성이 좀 더 개입되기 마련이다.

이처럼 변하지 않는 사실임에도 불구하고, 타이밍에 따라 다르게 느껴지는 경우가 많다. 그래서 소비자가 만족했다고 말하게 하는 것 역시 타이밍이 중요하다. 즉 만족을 느끼는 순간, 그 즉시 말하게 만들어야 한다. 처음에는 제품에 만족했지만, 시간이 흐름에 따라 객관성을 되찾고 스멀스멀 불만을 느끼게 될 수도 있기 때문이다. 따라서 소비자가 만족했다고 말하게 만들려면 구매한 즉시, 만족감이 식기 전에 말하도록 하는 게 가장 효과적이다.

앞부분에 이야기한 것처럼 제품에 대한 소비자들의 만족도는 냉정할 수밖에 없다. 자신의 피 같은 돈을 들여 구매한 것이 그만한 가치가 있는지 따져보지 않을 수 없는 것이다. 따라서 소비자가 만족하게 하려면 일종의 착각을 하도록 작은 틈을 적기에 공략할 줄 알아야 한다. 여기서 착각이란 소비자가 느끼는 만족도를 실제보다 좀 더 높다고 느끼게 만드는 것이다. 위의 세 가지 방법을 상황에 맞게 잘 활용한다면 좋은 착각을 일으킬 수 있을 것이다. 하지만 그 전에 질 좋은 상품이나 서비스가 전제되어야 함을 잊지 말자.

> 광고의 7원칙: 그것에 만족하게 하라!
> – 만족하게 하려면 구매하기 전에 이미 만족할 수 있도록 만들어라.
> 또 구매하자마자 만족한다고 말하게 만들어라.

08

그것을 전파하게 하라!

•

•

•

소비자가 구매하고, 만족하게까지 했는데 더 할 일이 남았느냐고 물을지도 모르겠다. 하지만 우리에겐 마지막으로 꼭 해야 할 일이 남아 있다.

바로 소비자가 전파하게 만드는 것이다. 해당 제품에 만족한 소비자들이 주변에 전파하게 함으로써 매출 증대에 큰 효과를 가져올 수 있다. 한 명의 소비자를 8단계까지 오게 하는 데 성공하면, 이제부터는 그 한 명이 수백 명으로 늘어나는 마법이 일어날 수 있다.

일종의 지렛대효과[1]인 셈이다. 그러므로 이 마지막 8단계를 성공시키는 것이 진정한 광고의 완성이라고 할 수 있다. 제품의 질을 떠나, 광

---

1 사전적으로는 기업이나 개인 사업자가 차입금 등 타인의 자본을 지렛대처럼 이용하여 자기 자본의 이익률을 높이는 일을 말하는 경제 용어다. 여기서는 한 명의 도움을 지렛대 삼아 다른 여러 명의 고객까지 끌어들이는 효과가 생긴다는 뜻이다.

고의 차이만으로도 전파력을 발휘할 수 있기 때문이다. 물론 정말 형편없고, 비양심적인 제품은 저절로 그 본질이 드러나게 되어있다. 하지만 크게 눈에 띄는 문제가 없는 제품이라면, 광고를 통해 더욱 특별하게 보이게 할 수 있다. 나아가 소비자를 만족하게 할 수 있으며, 소비자가 전파하게까지 할 수 있다는 사실을 명심해야 한다.

이 단계까지 온 고객들은 대다수가 만족한 고객들이다. 그렇지만 만족한 고객이 전파하게 만드는 것은 생각보다 어렵다. 소비자가 만족했다고 하더라도 전파할 만한 '이야깃거리'가 없으면 쉽게 전파할 수 없기 때문이다.

누군가가 특정 제품을 사용해보고 정말 만족하여 친한 지인에게 알려주고 싶다고 가정해 보자. 이 경우 그 제품의 장점을 정리해서 표현해줄 만한 뛰어난 언어 구사 능력을 갖춘 소비자는 보기 드물다. 그렇다고 그들에게 일일이 언어능력을 키워줄 수 있는 것도 아니다. 따라서 지인에게 제품의 장점을 브리핑해서 추천한다는 것은 거의 불가능에 가깝다. 개인적인 성향에 따라 이런 장벽이 생기는데, 특히 나이 드신 분들이나 반대로 아주 어린 친구들에게서 종종 발생한다. 그러므로 광고 담당자는 가상의 공간을 떠올리며 경로당에서 어르신들이 전해 주거나, 초등학교에서 학생들이 전할 수 있을 만큼 쉽고, 단순하고, 명쾌한 것으로 '이야깃거리'를 만들어야 한다.

기저귀를 추천한다고 예를 들어 보자. '이 기저귀가 광고를 별로 안 해서 인지도는 떨어지지만, 엄마들 사이에서는 발진 없기로 소문난 기저귀래! 친환경 원료로만 만들었다는데.', '재질도 좋고, 세탁하면 1~2 회 정도는 재사용해도 된다고 하더라고.', '착용감이 좋아. 아기가 다른 기저귀는 곧잘 벗어 던지는데, 이 기저귀는 전혀 거부하지 않더라.'라는 식으로 제품의 장점들을 자연스럽게 연결해서 이야깃거리를 만들어 줄 필요가 있다. 거짓 정보를 만들어 내라는 말이 아니다. 광고 담당자가 보았을 때 제품의 장점이라고 생각되는 부분을 집어내서 전달하기 쉬운 이야기 형태로 풀어서 알려 주라는 것이다. 가장 좋은 방법은 이야깃거리가 될 만한 베스트 후기를 뽑아 광고에 활용함으로써 소비자에게 노출하는 것이다. 그러면 소비자가 이 '이야깃거리'를 전파하게 할 수 있는 기본 요건은 갖추어지는 것이다.

한편 이야깃거리만큼이나 중요한 것이 또 있다. 고객이 제품에 대해 확신하게 만드는 것이다. 제품에 확신이 있는 고객은 저절로 지인들에게 전파하고 싶은 마음을 갖게 된다. 확신이 생겼기 때문에 광고를 온전한 정보로 받아들이게 되고, 그 정보를 지인에게 전하고 싶어지는 것이다. 마치 선물을 주고 싶은 마음과도 같다. 선물을 주는 것은 어떤 보상이나 대가를 바라고 하는 행위가 아니다. 따라서 그들이 전파하려는 이유도 일차적으로는 지인에게 도움이 되길 바라는 마음에서, 이차적으로는 자신이 만족하며 잘 쓰고 있는 제품이 더 잘 되기를 바라는 마음에서다. 결국, 지인과 판매자 양쪽에 모두 도움이 되고자 하는 것이다. 그리고 소비자는 추천 과정에서 덤으로 보람도 느낄 수 있다.

소비자가 제품에 대한 확신을 얻게 되는 계기는 주로 경험에서 비롯되는 경우가 많다. 구매과정이나 사용 중에 겪었던 사연, AS 진행 중에 발생한 사례 등 여러 경험으로부터 또 다른 무형적 가치가 생기는 것이다. 따라서 광고 담당자는 해당 제품에 대한 경험을 소비자들끼리 공유할 수 있는 채널을 반드시 마련해야 한다. SNS나 카페 등 다양한 매체를 활용하여 소비자들이 후기나 사연을 공유할 수 있는 채널을 만들도록 하자. 그리고 이러한 채널을 주기적으로 관리하고, 모니터링하는 작업 또한 필요하다.

예를 들어 블랙박스를 광고한다고 가정해보자. 어떻게 해야 구매한 소비자가 전파하게 만들 수 있겠는가. 먼저 이전 버전의 블랙박스들에 비해 개선된 점에 관한 내용을 최대한 모아볼 필요가 있다. 그리고 해당 제품의 장점을 부각할 수 있는 이야깃거리를 만들어야 한다. 이어서 소비자가 이야깃거리를 전파할 수 있는 채널을 만들고, 꾸준히 관리해야 한다.

이러한 과정을 통해 소비자가 제품에 대해 확신을 갖고, 전파하게 할 수 있다. 몇몇 소비자가 '이전 블랙박스에서는 화질이 떨어져 번호판을 못 잡아냈지만, 이번에는 번호판이 선명하게 보인다.' 등 우호적인 글을 소통 채널에 올리면, 이 글을 본 다른 소비자들이 확신을 갖고 또다시 채널에 우호적인 글을 올리게 되는 식이다. 그러면 공유된 내용들이 점차 쌓여서 외부로도 뻗어 나갈 수도 있다. 이때 본인이 만든 채널 외에도, 관련성 있는 채널들을 찾아 동시에 관리하면 더욱 좋은 효과를 얻을 수 있다.

이처럼 자신이 구매한 제품에 만족한 사람들이 스스로 전파할 수 있는 통로를 만들어 주고, 그들을 광고에 계속 활용하는 것이 중요하다. '좋다고 인정'하게 만들고, 전파하게 만드는 것까지가 모두 광고 담당자의 역할임을 명심하자. 요컨대, 고객이 '전파하기 좋게' 광고를 제작하고, '전파받기 좋게' 광고를 제작해야 한다.

> **광고의 8원칙: 그것을 전파하게 하라!**
> – 전파하게 하려면 전파하기 전에 이미 고객의 머릿속에 전파할 내용이 완벽히 인식되도록 최대한 지원하라. 그래야 그 상황이 오면 주저 없이 전파할 수 있다.

CHAPTER 4

실전 광고?
실속 광고!

01

편리한 시대가 주는 혜택을 이용하라!

광고는 무조건 효율에 근거해서 진행해야 한다. 장기적이든 단기적이든 결국 광고비를 지출함으로써 어느 정도 효과를 보았는지 산출할 수 있어야 한다는 것이다. 이런 이야기를 하면 대부분 단기적으로 눈에 띄는 효율은 파악할 수 있지만, 장기적인 효율은 파악하기 어렵다고 말한다. 물론 월별로 정확한 수치를 파악하는 것은 어렵겠지만, 6개월이나 1년 단위로는 확실히 장기적인 효율도 파악할 수 있다. 단기적으로는 즉각적인 매출의 발생을 확인해 볼 수 있고, 장기적으로는 설문 조사나 판매 매대 또는 판매처의 유입 동향 분석이나 페이지 뷰 분석 등의 통계 자료를 통해 파악할 수 있다. 특히 데이터를 꾸준히 쌓았을 때는 더 확실한 조사 방법이 나온다.

예를 들면 세제를 팔고 있는 업체가 단기, 중기적 광고를 한다고 가정하자. 단기적인 광고는 매대나 야외에서 사은 또는 판촉 행사를 하거나, 즉각적인 웹 노출 광고를 하는 것이다. 이 경우 광고에 대한 매출 변화를 거의 즉각적으로 정확히 산출할 수 있다. 장기적인 광고에는 마트의 옥외 광고나, 불특정 다수가 볼 수 있는 배너광고 등이 있다. 이런 광고는 인지도를 높이는 데 목적이 있으므로 월별로 분석하기는 어렵다. 따라서 6개월이나 1년 단위로 선호도 조사, 즉 매대 모니터링[1]을 하거나, 쇼핑몰이나 통합 판매 사이트의 유입률, 체류시간, 검색량과 같은 데이터 비교 등으로 변동 추이를 산출해야 한다.

여러 광고 회사가 이런 식으로 쌓아 온 많은 데이터를 보유하고 있다. 각 업체의 상황에 따라 어떤 매체를 통해 광고를 진행해야 좀 더 효율적인지 알고 있다는 말이다. 그런데 광고회사는 광고주로부터 받은 광고비 총액에서 수익이 창출되는 구조다. 즉 광고주가 많은 돈을 쓸수록 광고 회사는 돈을 많이 번다는 말이다. 따라서 광고주에게 상대적으로 고비용이 들어가는 옥외 광고나 브랜드 광고에 많은 돈을 쓰도록 권유한다. 물론 옥외나 브랜드 광고가 나쁘다는 말은 아니다. 다만 광고비가 크게 넘쳐나는 상황이 아니라면, 먼저 광고 비용이 상대적으로 적게 들어가는 온라인 광고에 비용을 지출하는 것이 효과적이다. 그러다가 좀 더 욕심이 난다면 적절한 시기에 옥외 광고로 접근하는 것이 바람직

---

1 고객이 다른 상품과 우리 상품 중 어떤 것을 선택했는지 비교 분석하는 모니터링

하다.

　신문광고, 버스광고, 지하철 광고, 옥외 광고 등은 온라인 광고에 비해 상대적으로 광고비가 비싸고, 가격 대비 효율은 떨어진다. 그러므로 온라인 광고도 제대로 관리하지 못하는 상태에서 오프라인 광고에만 집중적으로 투자하는 것은 광고 담당자로서는 최대의 실수임을 명심하자. 적어도 광고 담당자라면 광고주를 위해 좀 더 양심적으로 추천할 수 있어야 한다.

　앞으로 온라인 광고를 더 주목해야 한다는 것은 대부분 인정할 것이다. 온라인 광고가 오프라인 광고에 비해 더 효율적이라고 평가받게 된 것은 시대가 변함에 따라 몇 가지 영향을 받았기 때문이다.

　첫째, 웹 접근성의 변화다. 지금은 스마트폰 성능이 엄청나게 좋아지고, 모바일 통신속도도 매우 빨라지면서 온라인 영역이 매우 넓어졌다. 이제는 5G 시대가 열리면서 모바일의 속도가 데스크톱과 별반 다르지 않게 느껴진다. 심지어 성능 또한 데스크톱을 따라갈 정도로 사양이 좋아졌다. 그래서 요즘은 대부분 종이신문이 아닌, 모바일로 뉴스를 본다. 이것을 입증하는 자료는 사방에 널려 있으며, 주요 언론사의 종이신문 발행 부수가 현격히 줄어든 반면 웹 신문 기사의 조회 수가 엄청나게 늘어난 것만 봐도 알 수 있을 것이다.

　둘째, 시선의 변화다. 스마트폰에 대한 선호도가 높아진 만큼, 사람들의 시선이 길가로 향하는 경우가 많이 줄어들었다. 길을 걸으면서도 동영상에 집중하게 되고, 검색하게 되고, 뉴스나 만화, 소설 등 수많은 콘텐츠를 소비하느라 정신이 없다. 그래서 길을 걸으며 주변을 보는 횟수가 과거보다 많이 줄어들었다. 본다 해도 본인이 넘어지거나 통행에 지장을 받지 않을 정도로만 흘깃 쳐다보는 수준에 그친다. 따라서 길거리에 덕지덕지 붙어 있는 광고를 볼 겨를이 없어진 것은 명백한 사실이다.

셋째, 인식의 변화다. 불과 10년 전만 해도 컴퓨터 앞에 앉아 정보를 얻었고, 길에서도 시선이 가는 곳에서 정보를 찾았다. 하지만 이제 사람들은 손안에 있는 모바일을 통해 웬만한 정보는 대부분 얻을 수 있게 되었다. 즉, 길가에 있는 정보는 더는 찾지 않아도 된다고 생각하는 것이다. 심지어 길에서 광고를 보느라 시간을 낭비하는 것조차 부정적으로 느낀다. 이 때문에 오프라인 광고만으로 효율을 높이는 것은 매우 어렵게 되었다.

넷째, 광고 비용의 차이다. 오프라인 광고는 전단이나 현수막 등을 활용한 특수한 즉효성 광고도 비용이 상당히 들어간다. 그리고 버스나 옥외 브랜드 광고라도 할라치면 어마어마한 비용이 들어간다. 그러나 웹에서는 적은 비용으로도 다양한 영역에 분산 투자를 할 수 있다. 또 웹광고를 통해 먼저 확실하게 브랜드 인지도를 높이는 등의 선 작업이 되어 있어야 옥외 광고를 해도 의미가 있는 것이다. 그러므로 반드시 온라인 쪽으로 최대한 투자를 한 후에 목표치의 80% 이상에 도달했다고 느낄 때, 오프라인 광고로 눈길을 돌리는 것이 광고 순리에도 맞다.

온라인 광고는 선택이 아니라 필수가 된 지 오래다. 그런데도 아직도 10년 전 또는 그 전을 생각해서 온라인 광고에는 소홀히 하고, 오프라인 광고에만 꾸준히 투자하는 광고주들이 많다. 광고 담당자는 이러한 투자가 위험하다는 사실을 광고주에게 알려주고 개선할 수 있도록 도와야 한다. 하지만 아직도 많은 광고 담당자들이 광고주가 원해서라는 이유로, 수익만을 신경 써 비싼 광고비를 요구하는 것을 보면 안타까울 뿐이다.

이제 온라인 광고를 통해 얻을 수 있는 효율과 파급력을 무시해서는 안 된다. 시대가 편리하게 변한 만큼 광고 진행에서도 그 편리해진 혜택을 충분히 이용하고 누릴 수 있어야 한다. 투자 대비 가장 효율적인 방법을 제쳐두고, 오직 비싸고 화려한 광고로 시작하려는 욕심을 버려라. 무조건 온라인 광고를 먼저 주목해서 진행해보기를 강권한다.

[실속 광고 TIP]
시대가 변했다. 광고를 시작하려는 자, 온라인 광고부터 최대한 활용해보자.

02

무조건 가성비를 높여라!

·

·

가성비란 무엇인가. 가격 대비 나타나는 성능의 비율을 일컫는다. 광고에서 가성비는 사용한 광고비에 대해 얼마만큼 효과를 보고 있는가를 말한다. 장기적인 광고도, 중기적인 광고도 물론 중요하겠지만, 어떤 광고주나 광고 담당자에게는 즉각적으로 나타나는 광고 효과가 절실할 수도 있다. 광고비에 여유가 많은 것이 아니라면, 광고 초기부터 중기까지는 무조건 가성비를 높여야 한다.

그런 점에서 '검색 광고'는 매우 효율적인 광고 형태다. 목표로 하는 고객들을 즉각적으로 끌어올 수 있고, 비슷한 관심이 있는 사람들도 데려올 수 있다. 사람들이 입력한 검색어에 따라 우리가 노출하고 싶은 내용을 보여줄 수 있으므로 연관성도 높을뿐더러 매출에 직간접적인 영향을 준다.

검색 광고는 네이버, 다음, 구글과 같은 여러 포털을 비롯해 유튜브나 트위터 등의 매체에도 존재하고, 각종 커뮤니티 사이트에도 존재한다. 즉, 인터넷 이용자라면 웹에 존재하는 수많은 검색 광고를 피해갈 수 없다. 그러므로 바라보게 하는 관점에서 검색 광고를 살펴보자. 사람들이 바라보게 하려면 광고 담당자는 제일 먼저 관련 카테고리의 키워드를 선별해야 한다. 사람들이 해당 카테고리에서는 어떤 검색어로 정보를 얻으려 하는지 조사하고, 상위 그룹별로 나누어 검색어들을 분류해야 한다.

예를 들어 스틱형 방향제를 판매하기 위해 검색 광고를 진행한다고 생각하자. 광고 담당자는 방향제에 대한 검색어로 스틱형, 고체형, 자동 분사형, 사무실용, 차량용, 욕실용 방향제 등을 나열할 수 있을 것이다. 그런 다음 형태별, 용도별이라는 상위 그룹에 맞게 각각의 검색어를 분류해야 한다. 이런 식으로 분류를 하는 이유는 검색어에 따라 광고 비용을 적절히 분배해야 가성비를 높일 수 있기 때문이다. 여기서는 차량용 방향제보다 스틱형 방향제라는 검색어에 더 많은 광고비를 지출하는 것이 효과적이다. 만약 내가 판매하려는 상품과 동떨어진 엉뚱한 검색어에 큰 비용을 투자한다면 당연히 검색 광고의 가성비는 떨어질 것이다.

또 모든 매체에 한 번에 투자하는 것은 어려운 일이며, 그만큼 비용과 집중력이 분산되므로 좋은 효과를 기대하기 어렵다. 따라서 광고 담당자라면 각 매체가 가지고 있는 특성을 파악하고, 매체별 검색 광고 비용과 주된 노출 대상자가 누구인지를 조사해서 광고 비용을 적절히 분배해야 한다.

바라보게 하는 비용을 조사하고 분배했다면, 어떤 식으로 눈에 띄게 제작할 것인지 고민해야 한다. 보통 사람들이 많이 보거나, 많이 클릭할수록 광고 비용도 더 많이 지출된다. 다만 광고를 잘 보이게 제작하면 적은 금액으로도 사람들이 많이 클릭하도록 만들 수 있다. 무조건 높은 비용을 책정하는 것만이 능사는 아니며, 웹에서 잘 보이게 만들면 만들수록 비용도 절감되고 효율도 높일 수 있다는 점을 명심하자.

포털의 노출 매체 중에 파워링크나 파워콘텐츠 등의 CPC[1] 상품을 예로 들어보자. 이런 상품을 이용할 때는 짧은 단어들이나 작은 섬네일 정도만 가지고 사람들의 클릭을 유도해야 한다. 게다가 경매 입찰 방식이기 때문에 상위에 노출되려면 높은 비용을 지출해야 한다. 하지만 무조건 위쪽에 노출된다고 해서 사람들이 더 많이 클릭하거나, 구매율이 높은 것은 아니다. 위쪽에 있는 1등 위치가 클릭당 2만 원이 든다면, 6등 위치에 있는 것은 5천 원 이하인 경우도 많다. 그런데 1등보다 눈에 띄는 문구나 유혹할만한 단어들이 있다면 6등에 걸어 두고도 그만한 효율을 뽑아낼 수 있다는 점이 포인트다. 검색하는 사람들의 시선을 끌고 유혹할만한 문구들을 얼마나 잘 삽입하느냐에 따라 승패가 결정될 수 있는 것이다. 또 클릭하지 않아도, 특별한 문구를 머릿속에 남기는 데 성

---

1 'Cost Per Click'의 약자다. 즉, 클릭 횟수에 따라 매출이 발생하는 온라인 검색 광고를 말한다.

공한다면 적은 비용을 들여 브랜드 가치를 높이거나 예비구매자를 늘릴 수 있는 것이다.

검색 광고의 가성비를 제대로 높이려면 광고의 8원칙 중 1, 2, 3원칙에 조금 더 비중을 두어야 한다. 1원칙 바라보게 하는 것에 초점을 두고 어떻게 하면 적은 비용으로도 사람들의 눈에 띄게 만들 수 있을지 고민해야 한다. 그리고 만약 고비용이 지출된다면 그 비용에 합리적인 효과를 기대할 수 있을지 고민해 보라. 단, 매체별로 나타나는 광고 효율을 너무 조급하게 생각해서 단정 지으면 절대 안 된다. 다이어트를 할 때 한두 달 열심히 운동했다고 살이 확 빠지는 것이 아니라, 꾸준히 해야만 효과가 나타나는 것과 같은 원리다. 당장 효과가 눈에 보이지 않는다고, 가성비가 낮다고 판단해 포기해 버린다면 막대한 비용과 시간을 낭비하는 결과를 낳을 수도 있다.

광고 담당자는 2원칙 다가오게 하는 것에도 초점을 두고 광고를 신중히 설계해야 한다. 어떻게 하면 여러 가지 경쟁 상품 중에 내 것에 혹하게 만들어서, 다가와 보고 있게 만들 수 있을지를 고민해라. 검색한 고객이 찾고 있던, 바로 그 '관심 있는 정보나 상품'처럼 보이게끔 애를 써야 한다. 최근의 경향이나 고객의 요구(needs), 이슈에 맞게 주기적으로 광고를 변경해 주면, 사람들은 당신의 광고에 계속 빠져들게 될 것이다.

그리고 3원칙, 생각하게 만들어라. 늘 고객이 좋아할 만한 새로운 정보와 트렌드를 습득하고 화젯거리를 만들어야 한다. 고객의 경험에 비추어 궁금하게 만들거나 특이한 정보를 몇 가지 추려내는 것이다. 즉, 신기해 보이게 만들어서 궁금증을 유발해라. 또는 이벤트를 기재하거나 기억에 남을만한 특별한 문구를 사용해 보자. 비록 지금 당장 당신의 상품을 사지 않을지언정 이후에 구매 시기가 되었을 때 고객은 당신을 찾게 될 것이다.

> **[실속 광고 TIP]**
> 저비용으로 고효율을 얻고 싶은가? '검색 광고'로 광고비를 적절하게 분배해 보자.

03
친숙한 정보를 활용하라!

•

•

•

우리는 보통 가까운 사람들의 추천을 신뢰하고, 자연스러운 이야기를 잘 믿는 경향이 있다. 닐슨 온라인글로벌 소비자 조사 결과에 따르면, 사람들은 아는 사람에게 들은 정보가 전문가의 의견보다 더 신뢰성이 높게 느껴진다는 결과가 나왔다.

그런 의미에서 사람들은 '블로그'에서 획득한 정보를 매우 친숙하게 느낀다. 온라인상에서 검색을 통해 가장 많은 정보를 얻는 곳이 블로그라 해도 과언은 아니다. 지금까지 블로그는 일상생활에 유용한 정보가 담긴 곳으로 인식되어 왔기에 앞으로도 큰 변화가 없는 한 그 인식은 계속될 전망이다.

재미있는 것은 블로그 글의 정보를 제공한 주체가 그 서비스를 제공하는 업체라 해도 그러한 친숙한 인식이 그대로 유지된다는 점이다. 같은 내용이라도 홈페이지에 게시되어 있으면 광고로 받아들이고, 블로그에서 보면 그렇지 않게 느끼므로 고객에게 친숙하게 다가갈 수 있는 것이다. 사실 홈페이지에 올리든 블로그에 올리는 내용을 제공한 주체는 같은 업체다. 그런데 업체 스스로 홈페이지 글은 다소 딱딱한 어조로 작성하는 반면 블로그에 올리는 원고는 친숙한 어조를 주로 사용한다는 점이 재미있는 현상이다. 그만큼 블로그에 올리는 광고 내용은 친숙하게 전달해야 한다는 인식이 깊이 박혀 있는 것이다.

블로그를 활용한 광고 접근법은 크게 두 가지 관점에서 나눠볼 수 있다.

첫째는 업체의 관점이다. 업체의 관점에서 많은 내용과 장점들을 최대한 친숙하고 부드럽게 전달할 수 있다. 그리고 유머 코드를 넣은 시리즈물이나 생동감 있는 현장 사진 등을 제공할 수도 있다. 그러면 고객은 그만큼 친숙하게 받아들이므로 어느 정도 신뢰성을 확보할 수 있으며, 등록 날짜가 오래된 것일수록 그 신뢰감은 높아진다. 무엇보다 블로그는 소통이 가능한 공간이다. 고객들은 댓글을 다는 형태로 업체와 소통할 수도 있고, 쪽지나 메모 등의 기능도 활용할 수 있다. 이로써 고객들이 업체를 좀 더 가깝게 느끼도록 만들 수 있다.

광고하는 것에 대한 정보만 제공하는 것이 아니고, 카테고리 내의 다양하고 질 좋은 정보를 꾸준히 제공하고 관리한다면 팬도 생길 것이다.

그 팬의 입소문으로 2차 공유가 발생하게 되면 제법 많은 방문자를 보유한 블로그 강자로 자리매김할 수 있을 것이다. 중요한 것은 양질의 콘텐츠를 꾸준히 제작하고, 고객과 소통하는 것이다. 그리고 이것은 전적으로 광고 담당자의 역량에 따라 성공 여부가 달려 있다.

둘째는 제3자의 관점이다. 그리고 이 제3자의 관점은 여러 형태로 나눌 수 있다. 일반인이 순수한 의도로 작성하는 비교성 후기 글, 업체가 요청한 의도대로 작업하는 의도적 후기 글, 공신력 있는 매체인 뉴스나 잡지 등의 매체가 운영하는 제3자의 정보성 글 등이다.

먼저, 업체의 입김이 닿지 않은 순수한 후기 글이 긍정적인 내용으로 작성되면 매우 좋은 광고 효과를 기대할 수 있다. 하지만 반대인 경우라면 이야기는 다르다. 만약 부정적인 후기 글이 여러 곳에 자주 올라오게 된다면 광고 담당자는 그 어느 때보다 긴장해야 한다. 소비자가 해당 제품을 분석한 후에 안 좋다고 남긴 내용이 전파되기 시작하면, 처음에는 잡을 수 있을지 몰라도 시간이 지날수록 돌이킬 수 없는 결과를 초래하기 때문이다. 산불을 예로 들어보자. 꽁초 때문에 나뭇가지 몇 개만 탈 정도라면 진화할 수 있겠지만, 일단 불길이 번지기 시작하면 답이 없는 것과 같다. 방심하는 순간, 불만 고객의 글 또한 끝도 없이 불타오를 수 있다.

다음으로 업체의 요청으로 작성하는 의도적인 후기 글이 있다. 이는 업체가 후기를 자주 올리는 블로거에게 제품과 일정 금액을 제공하며,

후기 글을 작성하도록 요청하는 경우다. 이런 의도적인 후기 글은 제품의 상세한 사용 후기와 장점을 잘 표현해 줄 수 있으므로 꾸준히 유지해 주는 것이 좋다. 블로거의 관점에서 작성되는 것도 좋지만, 광고 담당자가 특정 포인트를 짚어주고, 알리고자 하는 내용으로 작성되도록 의도한다면 상당히 좋은 결과를 기대할 수 있다.

그렇다면 공신력 있는 매체가 운영하는 블로그에 정보성 글을 올리도록 유도하는 것은 어떨까? 대개 관련 카테고리에서 오래되어 잘 알려진 제품이나 서비스라면 매체에서 먼저 연락이 오는 경우가 많다. 이런 경우 그들을 고객이라 생각하고, 적극적으로 협조하여 최대한 잘 설명해야만 광고 담당자가 의도한 결과를 얻을 수 있다. 뒤에서 별도로 다루겠지만, 그들에게 먼저 다가가 의도적으로 취재당하는 방법도 함께 고려해야 한다. 이렇게 언론사에서 먼저 연락이 오는 경우가 간혹 있는데, 생각보다 비협조적인 업체가 많다. 필자가 과거 오래 근무했던 곳의 대표도 언론사의 취재 제안을 모두 거절했었다. 이것은 마치 굴러들어온 복을 걷어 차버리는 행위와 같다는 것을 명심해야 한다.

이렇게 여러 가지 관점으로 블로그가 전할 수 있는 친숙한 정보를 최대한 이용해 보자. 생각보다 높은 비용을 들이지 않고도 상당히 좋은 결과를 얻을 수 있다. 광고 담당자라면 어떤 관점으로 블로그 광고에 접근할지, 얼마만큼의 비용을 책정할지 끊임없이 고민해야 한다.

블로그로 광고 효율을 높이고자 한다면 광고 담당자는 광고의 8원칙 중 1~5원칙을 집중해서 설계해 보길 바란다. 먼저 1원칙 바라보게 만들어라. 바라보게 하려면 내용이 잘 보이는 곳에 있어야 할 것이다. 일반적인 검색 루트로는 찾아보기 힘들게 되어있거나, 검색 시 노출이 잘 안 된다면 블로그를 방문해서 그 내용을 보는 이는 거의 없을 것이다. 따라서 사람들이 잘 볼 수 있게 하려면 어떻게 해야 할지 고민해야 한다. 업체의 관점이나 제삼자의 관점을 막론하고, 블로그가 잘 보이는지를 먼저 확인해야 한다. 즉, 블로그는 1원칙 '바라보게 만들어라'가 선 과제로 존재하기 때문에, 광고 담당자는 꾸준히 이 항목을 확인해야 할 것이다.

2원칙, 다가오게 만들어 보자. 고객이 찾는 이미지나 내용, 정보 등을 눈에 띄게 제시해야 한다. 이것은 이벤트 내용일 수도 있고, 고객이 가질만한 의문의 답일 수도 있다. 허리가 아픈 고객이 관련 내용을 검색하다 어느 블로그를 찾았다고 가정해 보자. 블로그를 비롯하여 모든 웹 매체는 대개 제목이나 이미지, 내용 등 여러 가지가 동시에 보이게끔 설계되어 있다. 그러므로 이렇게 일반적으로 보이는 것들을 조금만 비틀어 보는 것이다. '허리통증 27년, 김 원장을 만나면 달라집니다.', '허리통증은 만성질환이 아닙니다. 이젠 치료하세요.' 등 이런 식으로 직접적인 설명과 이미지 등을 활용해보는 것은 일반적인 정보와 달리 고객이 다가오게 만들기 좋다.

3원칙, 생각하게 만들어라. 다가온 고객이 좀 더 깊이 고민하고 생각하게 만들 수 있는 내용을 고민해 보자. '허리는 왜, 치료해도 계속 다시 아파지나요? 다시 아프지 않을 방법은~', '매일 아픈 허리통증이 좋아지는 일곱 가지 방법과 한 가지 비법은', '척추측만증의 휘어진 각도가 7~80도일 때는 무증상입니다, 이때 치료해야 합니다. 90도가 넘어가면 호흡 곤란이 나타납니다. 120도부터는~' 등의 내용이 클릭 전 문구에 실려 있다면 상대적으로 선택될 확률이 높아진다.

4원칙 필요하게 만들고, 5원칙 소망하게 만들기 위해서는 치료의 필요성과 병원에 대한 장점에 대해 상세히 풀어서 설명해야 한다. 이 밖의 다음 과정도 중요하지만, 1~5단계에서 나타나는 광고 담당자의 해석과 기법에 따라 효율은 극명하게 갈릴 수밖에 없다. 그러므로 한 가지만 잘 된다고 효율이 올라가는 것은 아니다.

고객에게 친숙한 느낌으로 쉽게 다가갈 수 있는 만큼, 블로그 광고는 경쟁도 치열하다. 그러므로 광고 담당자는 블로그에 광고의 8원칙을 적용할 때 단계별로 세심하게 신경 써서 각자의 역량을 발휘해야 한다.

[실속 광고 TIP]
친숙한 정보, 블로그를 활용하라! 단, 친숙함 속에 광고의 8원칙을 자연스럽게 녹여 넣어라.

04

팬을 모은 다음, 풀어 둬라!

●

●

●

　팬은 중요하다. 팬은 웬만큼 큰 사건이 발생하지 않는 한 나의 편이 되어 주기 때문이다. 만약 논쟁거리가 발생해도 나의 편이 되어 지지해 줄 수 있는 든든한 아군인 셈이다. 그런데 그런 소중한 아군을 이곳저곳에 방치해 버리는 경우가 종종 있다. 연예인만 팬을 갖는 것은 아니다. 제품이든 서비스든 그 지지자들이 발휘하는 힘은 생각보다 막강한 영향력을 갖는다. 그렇다면 이런 팬을 모으려면 어떻게 해야 할까?

　사람 간의 대화만큼 기업과 사람 간의 대화도 언제나 중요하다. 어떤 사람이든 대화와 소통을 통해 장차 그 기업의 팬으로 발전할 가능성이 있기 때문이다. 여기서 대화와 소통을 커뮤니케이션이고 말하며, 커뮤니티는 사전적인 의미로 아는 사람들끼리 모여 자연적으로 발생한 공동 사회를 뜻한다. 그렇지만 요즘은 커뮤니티라는 말이 온라인상의 소통

공간이나 공동체, 동호회 등의 의미로 인식되고 있다. 이런 커뮤니티 공간은 포털이 제공하는 서비스 중 '카페' 시스템을 중심으로 퍼지기 시작해, 홈페이지 형태의 커뮤니티도 활발하게 발달하고 있다.

커뮤니티의 중요성은 백번을 강조해도 과하지 않다. 고객과의 소통 없이 성장하는 것은 불가능에 가까우며, 고객의 소리를 가장 현실적으로 생동감 있게 들을 수 있는 곳이 바로 커뮤니티기 때문이다. 커뮤니티는 사과나무에 비유할 수 있다. 사과나무는 묘목에서 열매를 맺는 데까지 약 4년 정도 긴 시간이 걸린다. 작은 묘목에서부터 열매가 맺힐 때까지 키워내는 과정은 매우 어렵고, 상당히 오랫동안 꾸준히 시간을 투자하고 정성을 들여야 한다. 하지만 일단 열매를 맺기 시작하면 짧게는 20~30년 길게는 50년 동안 열매를 주렁주렁 맺는다. 오랜 정성을 투자해 잘 만들어진 커뮤니티는 이에 비견할만하고, 시간이 지남에 따라 더 많은 고객을 주렁주렁 맺을 수 있다.

여기서 주목할 점은 커뮤니티가 한 가지 이상의 공통된 주제를 중심으로 뭉쳐진다는 점이다. 따라서 주제가 명확하지 않다면 모래알로 만든 모래성처럼 허물어지기 마련이다. 커뮤니티에 아무리 정성과 공을 들이고 시간을 할애해도 모래성처럼 무너져내리는 이유는 대개 주제가 애매하기 때문이다. 주제가 명확하다면, 주제를 뒷받침할 무기도 철저히 준비해야 한다. 또 무기를 적극적으로 휘둘러줄 진짜 팬들도 준비되어 있어야 한다.

요컨대 커뮤니티의 주제를 명확하게 하고 진짜 팬이 준비되었을 때 본격적으로 커뮤니티 운영을 시작해라. 제대로 갖춰지지 않았을 때 시작하는 것은 이후 커뮤니티를 두 번 다시 시도할 수 없게 만드는 최악의 수가 될 것이다. 커뮤니티에 한 번 들어와서 실망한 고객은 이후에 문제를 개선했다고 하더라도 다시 와주지 않을 가능성이 크다. 게다가 이런 실망한 고객들이 쌓이면 광고 담당자도 커뮤니티에 투자할 의지가 없어질 것이기 때문이다.

대표적인 커뮤니티 공간인 카페는 세 가지 형태로 운영할 수 있다. 직접 운영, 간접 운영, 외부 운영으로 나눌 수 있는데, 이 중 무엇이 제일 낫다는 판단은 무의미하다. 각각의 장점이 완전히 다르며, 확실하기 때문이다. 따라서 세 가지 형태 중 한 가지 이상은 반드시 운영해야 하며, 두 가지 또는 세 가지 형태를 제대로 운영할 수만 있다면 많이 하는 것이 좋다.

직접 운영은 당신의 회사나 제품, 서비스 등에 대해 소통하는 커뮤니티라고 보면 된다. 만약 과수원이라면 직접 과일을 재배하고 예약 판매를 하는 공간이 될 수 있다. 과일을 재배하는 과정부터 잘 익어가는 과정까지 꾸준히 보여 주고, 회원을 통해 예약을 받아 수요와 공급을 먼저 맞추는 것이다. 그렇게 해서 팬들이 쌓이기 시작한다면 해마다 과일이 도매업자에게 싸게 팔려나갈 일 따위는 없을 것이다. 오히려 없어서 못

팔 지경이 되고, 이는 과수원의 확장으로 이어져 선순환(善循環)의 고리가 될 수 있다.

간접 운영은 관련 카테고리의 커뮤니티를 운영하는 것이다. 과수원의 주인이 직접 운영하되, 과수원의 이름을 내걸기보다 '과일을 사랑하는 과일 마니아 동호회'를 만드는 것이다. 과일별 재배법(주말농장 운영), 과일별로 좋은 과일 고르는 법, 과일 따기 체험(지역별 과수원 모집과 운영), 과일별 좋은 성분 함유량, 과일즙 내는 법 등의 정보를 공유하고 과일을 좋아하는 사람을 모은다. 시간은 좀 걸리겠지만 이런 카테고리의 카페가 점점 규모가 커진다면, 과수원 운영으로 얻는 판매 수익보다 훨씬 높은 수익이 발생할 수도 있다. 다른 과수원들이 모이게 되고, 소비자도 모이게 된다. 과일즙을 짜는 건강원, 영양사, 유통업자 등 같은 관심사를 가진 사람들이 모임으로써 그 속에서 발생하는 여러 수입과 부수적인 가치는 어마어마하다. 어쩌면 과수원을 아무리 많이 운영해도 얻지 못할 열매를 가져다줄 수도 있다.

마지막으로 외부 카페를 이용하는 것이다. 관련 카테고리 내에는 이미 비슷한 종류의 카페가 존재하고 있을지도 모른다. 생각보다 여러 개가 있을 수도 있고, 어쩌면 없을 수도 있다. 그런데 만약 그 카페의 규모가 상당히 큰 경우라면, 그 힘을 빌려서 함께 성장하는 방법도 고려할만하다. 해당 카페에 당신의 과일이 필요하고, 먹고 싶어 하는 사람이 생각보다 많을 수도 있다. 따라서 이런 카페에서 당신의 과일을 알리고 판매하는 것은 당연히 해야 할 과제다. 그 카페에 일정 비용이나 가치를 제공하고 제휴 관계를 맺어서, 당신의 과일에 빠진 사람들을 계속 늘려라. 그 카페에 있는 고객이라고 해서 영원히 그 카페에만 머물지는 않을 것이다. 당신의 매력에 빠지게 만들면 결국 그 고객은 그 카페에 연결된 당신을 직접 찾게 되고, 원래의 카페로 가서 과일을 구할 일은 없기 때문이다.

커뮤니티를 운영할 때는 광고의 8원칙 중 5원칙 '소망하게 하라'로 꾸준히 당신의 상품과 기업에 대한 팬심을 강화해라. 팬심이 강화될수록 원하는 욕망이 강해지는데, 이때 강해진 욕망은 뒤의 단계로 넘어갈수록 진가를 발휘하게 된다.

하지만 6원칙 '구매하게 하라' 단계에서 오류를 범하기 쉽다. 커뮤니티 성격상 구매 방법이 번거로운 경우가 생각보다 많은 것이다. 커뮤니티는 과거 십여 년 전에 아마추어들이 시작했던 영역이다. 그런데 웹이 적극적으로 보급되면서 우후죽순 늘어난 것이다. 그러다 보니 주먹구구식으로 시작된 경우가 많았다. 하지만 더는 팬이라는 미명으로 구매를 번거롭게 하거나, 계좌로만 돈을 받는다든지, 상담 채널조차 구축하지 않는 행위를 계속하면 안 된다. 구매는 언제나 쉽게 할 수 있어야 하고, 그래야만 7원칙과 8원칙으로 이어질 확률이 높다는 것을 광고 담당자는 반드시 인지해야 한다.

이제 7원칙 만족하게 만들어 보자. 커뮤니티는 소통의 장이다. 이곳에서 일어나는 수많은 대화가 투명하게 공개되는 것이다. 고객들은 광고 담당자가 하는 모든 행위를 지켜보고 있으며, 감시하고 있다. 그렇기에 악성 글이나 악성 댓글에 대해서도 친절하게 응대하는 자세는 선택이 아닌 필수다. 진짜 팬들도 지켜보는 곳이므로, 최대한 호의를 베풀도록 해야 뒷말이 나오지 않는다. 10명의 만족한 팬이 있더라도, 1명의 불만족 고객이 지속해서 불만 의견을 피력한다면 모두 떨어져 나갈 수 있음을 명심하자.

8번 전파하게 만들자. 진심이 담긴 메시지를 꾸준히 전하고, 진심으로 소통하고 기획한다면 만족한 고객들은 반드시 당신의 커뮤니티를 여러 경로로 전파하게 될 것이다. 그리고 고객들을 계속 유치시켜 줄 소개 이벤트와 이슈, 이야깃거리를 제시한다면 커뮤니티의 더 큰 성장을 기대해 볼 수 있다.

즉, '7원칙 만족하게 하라'와 '8원칙 전파하게 하라'에 더욱 초점을 두어야 한다. 물론 상황에 따라 커뮤니티 운영 초기에는 다른 것들도 신경 써야 할 것이다. 하지만 커뮤니티는 대개 광고의 8원칙 중 1~4원칙은 기본적으로 충족된 고객들이 모여 있는 곳이다. 그러므로 어떻게 고객을 소망하게 하는 광고를 만들 것인지 고민하고, 좋은 구매 방법을 제시하라. 구매한 고객을 만족하게 해 주고, 좋은 기억을 만들어 준 뒤 전파하게 하라. 광고 담당자가 단계별로 심도 있는 고민을 거칠수록 사과나

무는 더 풍성하게 자랄 준비를 하게 될 것이다.

[실속 광고 TIP]

커뮤니티에 팬들을 모아둬라. 그리고 그 팬들이 다른 팬을 만들어 낼 수 있도록 광고의 5~8원칙에 집중하라!

05
즐거운 대화로 소통하기!

•

•

•

대화는 즐겁다. 그리고 굳이 긴 대화를 하지 않아도 일상적인 대화는 여기저기서 빈번하게 일어난다. 이러한 대화는 기업과 고객 간에도 매우 중요한 역할을 한다. 기업이 고객과 대화를 하지 않으면 신뢰가 생길 수 없기 때문이다. 그렇다고 모든 고객과 일일이 대화하는 것은 어려운 일이니 답답할 노릇이다. 그렇다면 팬이나 고객은 어디에서 어떤 대화를 하길 원하는지 생각해 보자. 기업이 고객과 대화로 소통할 수 있는 채널은 생각보다 다양하지 않다. 이미 여러 대기업에서 제작해 둔 몇몇 플랫폼이 전부다. 그리고 앞으로 새로운 플랫폼이 추가된다고 해도 플랫폼 선점 효과가 있기에 신규 플랫폼이 큰 영향을 미칠 것 같지는 않다.

이러한 소통 플랫폼을 우리는 'Social Network Service', 간단히 SNS

라고 말한다. 인간관계 연결망이라고 불리는 SNS는 이제 누구나 이용하는 플랫폼이 된 지 오래다. 전 세계적으로 페이스북과 트위터, 인스타그램 등의 애플리케이션이 선풍적인 인기를 끌고 있으며, 그로 인해 많은 인간관계가 복잡하게 얽혀 있다. 한국에서는 이와 별개로 카카오톡, 라인, 블로그 등의 이용자가 많은 SNS가 존재한다. SNS의 주요 기능은 대화와 소통이고, 실제 이웃이거나 가상 이웃과의 대화를 손끝으로 할 수 있게 만들어 준다. 그 본질은 조금 더 복잡해진 커뮤니케이션 시스템으로 봐도 무방하다.

그렇다면 광고 담당자는 이 SNS에 어떻게 진입해야 할까. 가상의 인물을 세우고 담당자라고 해서 들어가는 방법도 있을 것이고, 업체명이나 서비스 또는 제품의 브랜드명으로 소통하는 방법도 있을 것이다. 그러나 이 SNS는 기본적으로 대화가 본질이다. 그래서 보통은 나와 그다지 관계없는 사람이나 업체와는 대화를 이어나가고 싶어 하지 않는다.

SNS를 통해 고객과 즐겁게 대화하기 위해서 세 가지에 중점을 두고 설계해 보자.

첫째, 법인격(법으로 만든 인격)처럼 브랜드 인격(브랜드로 만든 인격)을 형성해야 한다. 브랜드 인격을 만드는 일은 브랜드에 생명을 불어넣는 작업이다. 살아 있는 인간처럼 브랜드가 말을 하거나, 브랜드를 대체할 만한 가상의 이미지를 설계해서 소통해야 한다. 캐릭터여도 좋고, 대체

인물이든 그 어떤 것이어도 좋다. 그 대체하는 브랜드 인격을 보았을 때 누구나 그 브랜드를 연상할 수 있는 것이면 된다.

둘째, 이벤트나 혜택을 주기적으로 제공해 주어야 한다. 당신의 SNS에 이벤트나 혜택이 없다면, 시간적 여유가 없는 바쁜 고객들은 굳이 광고 브랜드와 대화하려 하지 않을 것이다. 그렇다고 의미 없는 기프티콘이나 타 브랜드의 상품을 주는 일반적인 방식은 절대 취하지 마라. 고객이 광고 담당자와 SNS를 하는 유일한 이유는 해당 브랜드에 매력이 있어서지, 타 브랜드의 상품을 받고자 하는 것이 아님을 명심해야 한다. 굳이 상품을 준다면 반드시 해당 기업의 상품 중에 할인이 아니라 무료로 줄 수 있는 것을 주도록 하자. 앞서 광고의 2원칙에서 언급한 샤프의 예를 되새기면 좋을 것이다.

셋째, 해당 브랜드 카테고리와 연관된 참신한 정보나 후기 등을 활용해 보자. 고객이 몰랐던 정보나 신기하고 차별화된 장점을 노출하면 고객은 좋은 정보를 줘서 고마워하게 된다. 또는 다른 사람들이 올린 후기들을 링크로 보여 준다거나 비교 영상, 체험 영상들의 링크를 주기적으로 올리는 것은 매우 큰 도움이 된다. 고객도 즐거워할 뿐만 아니라 그런 정보를 브랜드가 알려주고 있으니 그에 대한 호감도가 더 올라가게 된다. 만약 미끄럼방지 신발을 광고한다면 고객들이 사용한 후기 영상을 링크로 걸고 잘 사용해 주셔서 감사하다거나 이벤트 상품을 주었다고 올리는 방식은 매우 효율적이다.

이런 SNS의 진짜 장점은 고객과 실시간 대화가 가능하다는 점이며, 고객에게 즉각적인 피드백을 기대할 수 있다는 점이다. 가벼운 유머 같은 것을 올리기도 매우 수월하고 반응도 생각보다 뜨겁다. 이런 활동을 열심히 하면 고객들이 만족하고, 전파할 확률이 매우 높아진다. 간혹 SNS로 대성하는 브랜드를 종종 볼 수 있는데, 반드시 이 세 가지 법칙과 직간접적으로 연결되어 있을 것이다. 성공하는 모든 브랜드의 SNS는 이 법칙을 절대 벗어날 수 없다. 반대로 생각하면 반드시 잘 해내야 한다고 생각하라.

SNS는 광고의 8원칙 중 1원칙 바라보게 하라, 2원칙 다가오게 하라, 7원칙 만족하게 하라, 8원칙 전파하게 하라, 이 네 가지에 초점을 맞추고 진행해야 한다. 먼저 바라보게 하기 위해서는 SNS 특성상 광고로 노출하는 방법도 써야 하며, 고객과의 접점을 늘리기 위해 최선을 다해야 한다. 다른 고객과의 접점을 찾기 위해 매일 브랜드 인격이 직접 헤매고 돌아다니는 것이 최선이다. 돌아다니면 반드시 광고 담당자를 좋아하는 사람들이 늘어날 것이다.

다가오게 하려면 고객이 관심을 가질 만한 정보와 혜택, 이벤트 등으로 중무장하고 볼거리를 제공하는 데만 초점을 맞춰라. 또 고객과 대화와 소통을 열심히 하고 노력하는 모습을 보여주는 것도 고객을 멈추게 하는 데 도움이 된다.

고객을 만족하게 하기 위해서는 꾸준히 여론을 형성하고, 만족한 사람을 보여 주고, 만족했다고 말하게 만들어라. 그럼 만족한다고 하는 사람들이 늘어나게 될 것이고, 여러 명이 만족한 상황이 되면 반대의견을 가지고 있더라도 보통의 만족도를 보이는 상황까지 생길 것이다. 그리고 전파하게 만들어라. 고객이 스스로 소개이벤트 공유, 스크랩, 퍼가요 등의 다양한 기능을 최대한 이용하도록 만들고, 그에 대해 값진 보상을 하도록 하자. 광고 담당자는 이것을 아까워하면 안 된다. 어떤 광고는 수백, 수천의 비용이 들지만, SNS 광고는 그것의 반 정도밖에 들지 않기 때문이다. 무엇보다 SNS 광고는 고객의 만족도와 전파력을 높이는 데 최적화된 시스템을 갖추고 있다는 점에서 장기적으로 브랜드 가치를 향상하는 데 가장 효과적인 전략이다.

[실속 광고 TIP]
SNS로 고객과 즐겁게 소통하라. 가벼운 일상 대화가 관계망을 통해 큰 파급을 불러올 수 있다.

06

숨은그림찾기를 넘어서라!

·

·

·

필자는 숨은그림찾기를 좋아하지 않는다. 숨은그림찾기는 눈이 아플 뿐만 아니라 하다 보면 답답한 마음이 들 때가 많다. 숨은그림찾기를 하다가 슬슬 짜증이 밀려왔던 경험을 누구나 한 번쯤 겪었을 것이다. 그런데 기업이 소중한 고객과의 첫 만남에서 다짜고짜 숨은그림찾기 문제를 내면 어떤 기분이 들까? 고객은 원치 않은 숨은그림찾기 문제를 보고 당황하기 시작할 것이고, 꼭 이 문제를 풀면서까지 여기에서 구매해야 할지 고민하게 될 것이다.

기업과 고객과의 첫 대면은 보통 홈페이지를 통해 이루어진다. 홈페이지는 광고하려는 대상이 무엇이든지 그것의 얼굴이다. 홈페이지를 통해 알리고 표현하고자 하는 대상이 기업, 제품, 서비스, 개인 등 그 무엇일지라도 그것을 제대로 보여 주지 못한다면 그 홈페이지는 오히려 없느니만 못하다. 홈페이지가 존재하는 이유는 오로지 홈페이지 주체와 홈페이지를 찾아온 방문객이 서로 공감하고 소통하게 만들기 위해서다. 고객에게 숨은그림찾기 미션을 주는 공간이 아니다.

그런데 홈페이지를 만드는 과정에서 제작자나 그것을 기획하는 광고 담당자는 대개 디자인과 기발함이라는 함정에 빠지곤 한다. 물론 자신이 만든 홈페이지가 남들과 '차별화된 작품'이 되길 바라는 심정은 백분 이해한다. 필자 역시 한때 그랬던 시절이 있었으니 말이다. 그러나 일부 광고 담당자는 고객의 관심만을 끌기 위해 정신없이 움직이는 플래시를 삽입하거나, 화려한 디자인 요소만 강조하는 경우가 종종 있다. 그런 과정에서 결국 고객이 진짜 찾고 싶은 중요한 정보가 뒷전으로 밀려나 꼭꼭 숨겨지는 경우를 많이 보게 된다. 이렇게 숨은그림찾기를 하던 고객은 이후 두 번 다시 그 홈페이지를 방문하지 않게 될 것이며, 불만족을 간직한 채 주변인들에게 전파할 수도 있다.

홈페이지는 7초의 미학이다. 홈페이지 안에 아무리 많은 내용을 실어도 고객은 단 7초 만에 모든 판단을 끝낸다. 스스로 모르는 사이에 벌써 두뇌는 홈페이지를 더 보고 있을지 이탈할지를 판단하는 것이다. 따라서 단 7초 만에 고객의 관심을 끌어야 한다. 또 광고의 1원칙인 고객이 바라보게 했으니 나머지 7원칙에 대해 최대한 어필할 수 있어야 성공한 홈페이지라고 볼 수 있다.

그렇다면 고객은 홈페이지의 어떤 페이지에서 7초간 머무를지 시뮬레이션해 보자. 당신은 홈페이지에 들어가면 처음에 어디를 보고 홈페이지에 머무를지 아닐지를 판단하는가. 거의 대다수가 같은 답을 낼 것이다. 그렇다. 고객들은 메인 페이지에서 7초를 모두 쓰게 된다. 지금 당신이 관심을 가진 홈페이지에 들어가 보라. 7초는 생각보다 길어서 홈페이지 메인에 있는 대다수 내용을 빠르게 스캔하는 데 충분한 시간이다.

홈페이지 메인에는 광고의 8원칙을 한눈에 볼 수 있도록 모두 담겨 있어야 한다. 즉, 홈페이지의 주체가 지닌 가치와 신념, 철학, 장점 등을 잘 어필해야 한다. 블로그나 카페 같은 다른 매체에 담긴 내용은 광고주가 직접 발언한 것이라 보기 어려워 책임에서 한발 물러설 수 있다. 하지만 홈페이지의 내용은 광고주와 직접 연관된 것으로 보고, 고객이 주체의 발언이나 기타 모든 것을 통해 생각하고 판단하기 때문이다. 온라인 광고의 다양한 형태 중에서 광고의 8원칙을 모두 집중해야 하는 영역은 사실 홈페이지가 유일하다.

그렇다면 홈페이지의 메인 페이지에 광고의 8원칙을 어떻게 적용해야 할까?

1원칙 바라보게 하려면 홈페이지가 외부에서도 잘 보일 수 있게 최대한 노출해야 한다. 즉, 홈페이지를 광고해야 한다. 홈페이지는 일기장이 아니기에 많은 사람이 볼수록 좋다. 그리고 광고 담당자나 홈페이지 주체는 고객에게 알리고 싶은 정보를 메인 페이지에서 최대한 잘 보이게 배치해두어야 한다.

2원칙 다가오게 하려면 고객이 혹해서 빠질만한 정보를 구성하여 메인에 배치하고 연관성 있는 여러 정보 목록을 다양하게 제시해야 한다. 사람들이 포털사이트에서 기사의 제목만 보고 일단 클릭해서 읽어 보는 것을 생각해 보자. 고객이 원래 찾던 정보가 아니었음에도 금세 자신이 찾던 정보라는 느낌이 들도록 유도해야 한다.

3원칙 생각하게 하려면 고객이 정보를 '먹게' 만들어야 한다. 즉, 찾아온 고객을 맛있는 정보로 충분히 대접해야 한다. 메인 페이지에서 즉각적으로 보이는 주요 정보와 그와 연관된 다양한 정보를 유기적으로 묶어 두어서 고객이 홈페이지에서 벗어날 수 없게 잡아 두는 데에 초점을 맞춰라.

4원칙 필요하게 만들기 위해서는 고객의 구매욕을 자극할 수 있도록 해당 카테고리의 장점을 최대한 어필해야 한다. 이것을 구매하면 어떤 일이 일어나는지, 이것이 없을 때는 불편했던 점이 구매하면 어떻게 좋아질 수 있는지를 인지시킴으로써 구매욕을 자극하는 데 중점을 두면 된다.

5원칙 소망하게 하려면 강력하게 매력을 발산하고, 고객의 관점에서 그것이 없으면 안 되게끔 설득해야 한다. 다른 제품과 다른 것을 강조하라. 실제로 다르다면 그 점을 더욱 부각하고, 실제로 큰 차이가 없다면 작은 차이들을 한데 모아 큰 차이로 보이게끔 만들어라. 메인 페이지에 다른 것과 비교하는 과정을 담은 영상이나 이미지를 배치해 두면 더 좋다.

6원칙 구매하게 만들려면 메인 페이지에 반드시 구매가 가능한 요소를 잔뜩 삽입해 두어야 한다. 특히 요즘은 구매방식이 상당히 다양해졌기 때문에 광고 담당자의 구매 성향만을 고집해 상담 매체를 한정 짓지 않도록 주의해야 한다. 국내의 다양한 상담 매체를 비롯해, '장애인 웹 접근성'까지 고려한 상담 방법을 심어 두겠다는 각오로 임하길 바란다.

7원칙 만족하게 만들어라. 홈페이지 곳곳에 이미 만족한 사람들의 발자취를 심어 두고, 고객이 만족했다고 말할 수 있는 창구도 만들어야 한다. 여론과 각종 인증기관의 정보를 보여주어 고객 스스로 좋은 곳을 찾았다고 만족하게 만들면 된다.

마지막으로 8원칙 전파하게 만들어라. 앞서 필자는 고객이 전파하기 좋게 만들기 위해서는 이야깃거리를 만들라고 한 바 있다. 광고 담당자의 시각에서 전파되었으면 하는 문구를 이미지나 동영상에 최대한 담아라. 그리고 홈페이지의 메인 페이지에 고객이 스스로 전파할 수 있도록 이미지와 동영상을 곳곳에 배치하자. 고객은 전달하고자 하는 사람에게 훨씬 쉬운 방법으로 전파할 수 있을 것이다.

이 외에도 홈페이지는 가능하면 연동형 웹을 이용하는 방법을 추천한다. PC와 모바일이 연동되어 관리가 편리하다는 장점이 있기 때문이다. 또 PC용 홈페이지에서만 내용이 수정되고, 모바일에서는 수정되지 않는 불상사가 발생할 일도 없다. 게다가 PC와 모바일의 홈페이지 URL 주소가 같아서 웹에서 검색할 때 두 경로가 모두 반영되어 검색 노출도에 좋은 영향을 미친다.

이제 PC에서 모바일 시대로 넘어온 지 오래다. 따라서 모바일에 최적화된 홈페이지를 구현할 수 있도록 최선을 다해야 한다. 하지만 연동형 웹의 디자인이 모바일에서는 생각보다 예쁘게 나오지 않는 경우가 많다. 따라서 광고 담당자를 비롯해 홈페이지 기획자는 지속적인 개선을 시도하여, 연동형임에도 정말 괜찮은 모바일 홈페이지로 보일 수 있게 노력하길 바란다. 필자 역시 꾸준히 노력한 결과 지금은 PC와 모바일 모두에 최적화된 디자인과 편리성을 갖춘 연동형 홈페이지를 제작할 수 있게 되었다. 최소 몇 개월은 투자한다고 계산하고, 홈페이지를 개편해보도록 하자.

[실속 광고 TIP]
첫인상이 중요한 법! 홈페이지에서 고객이 숨은그림찾기를 하지 않도록 '편리성'을 바탕에 두자.

07

신뢰의 메커니즘을 읽어라!

●

●

●

사람들은 어떤 과정을 거쳐 무언가에 신뢰라는 감정을 느낄 수 있을까? 이 신뢰의 메커니즘을 제대로 알고 있는 광고 담당자나 광고주는 이미 많은 돈을 벌고 있다. 하지만 일반적으로 사람들은 광고 담당자의 말을 쉽게 믿지 않는다. 지금까지 많이 당해 왔기 때문이다. 대부분 고객은 어떤 것을 광고라고 인식하는 순간, 더는 이야기를 듣고 싶어 하지 않는다. 따라서 광고 담당자는 무언가를 알리고자 할 때 광고하는 것처럼 보이지 않게 만들어야 한다.

한때 유행했던 '침대는 가구가 아닙니다. 과학입니다.'라는 문구를 떠올려 보자. 광고임에도 정보를 가장하여 고객에게 다가간다. 동시에 그만한 기술력이 탑재된 침대라는 점도 어필하고 있다. 그러나 우리는 그 광고를 하기 이전에 먼저 시행되었을 작업에 대해 생각해봐야 한다.

그것은 바로 광고 실행 전에 언론이나 인증기관 등을 통해 여러 과학적인 입증 자료를 모아 두었다는 것이다. 그런 근거들을 미리 갖춘 상태에서 여러 기술력을 바탕으로 만들어진, 현대 과학이 잘 녹아든 침대라고 광고를 낸 것이다. 만약 이 광고에서 언론의 공신력과 조사기관의 인증마크라는 자료를 통한 신뢰성이 뒷받침되지 않았다면 과연 사람들에게 그만큼 어필할 수 있었을까? 절대 아니다. 특이한 문구로 잠깐 눈길은 끌 수 있을지언정 '생각하게 하라', '소망하게 하라'의 단계에서 고객의 구매 욕구는 식었을 것이다.

무엇을 광고하고자 할 때 먼저 언론의 힘, 공신력을 얻어라. 강조하고 싶은 단어나 문구, 슬로건, 기술력 등 그 어떤 것에든 공신력을 덧붙일 수 있다면 고객의 신뢰를 얻는 데 큰 도움이 된다. 따라서 광고 담당자는 항상 언론과 소통할 수 있어야 한다.

그렇다면 언론과 친해지기 위해서 어떻게 해야 할지 알아보자. 사실상 언론사 수익의 대부분은 정보를 이용한 수익이다. 직접적인 정보를 제공하고 받는 수익, 정보를 보는 사용자들이 함께 보게 되는 광고를 통해 얻는 수익, 좋은 정보를 꾸준히 내면서 쌓이는 인지도에 따른 기업 평가 인증수익 등이다. 그렇다면 답은 이미 나와 있다. 수익에 도움이 되는 방향으로 그들과 친해지면 된다.

시대가 변한 지 오래라 언론사 기자들과 술을 먹거나 사적인 친분을 맺지 않아도 그들의 힘을 등에 업을 수 있다. 심지어 요새는 기자들조차 술을 먹거나, 따로 무언가 챙겨주는 것을 거부하는 경우가 많다. 그만큼 시대가 변했기에 정공법으로 그들에게 다가가야 한다.

여기서 정공법은 위에서 언급한 언론사의 수익 구조를 통해 도움이 되는 방식이다.

첫째로 직접적인 정보를 제공하는 방법은 무엇일까. 바로 좋은 소스를 제공하는 것이다. 예를 들어 타이어 제조기업이라면 타이어에 대한 정보성 내용을 제공하면 된다. 타이어의 변천사와 현대 기술의 진화, 또 타이어의 변화된 성능과 트렌드 등을 적어 주면 될 것이다. 또 의료분야라고 가정하면 전문적인 의학 칼럼을 꾸준히 제공하는 방법도 있다. 그런 정보를 제공하다 보면 정보를 제공한 주체에 대해 도움말이라고 해서 소개를 해 준다. 또는 꾸준히 해당 정보를 얻기 위해 '○○병원 원장은~'이라는 문구를 넣어 간접 PPL을 해 주게 된다. 이런 식으로 언론사와 유대관계를 맺을 수 있다.

둘째로 일정 금액을 정해두고 고정적으로 특정 언론사의 광고 상품을 이용하는 것이다. 부담스러울 정도로 높은 금액을 쓰라는 말이 아니다. 언론사에는 생각보다 단가가 낮은 광고 상품도 많이 존재한다. 당연히 광고 효율을 검토하여 진행해야겠지만, 여기서는 언론사와의 관계를 통해 얻을 수 있는 미래 가치까지 고려해야 한다. 장기적으로는 언론사를 통해 얻는 공신력을 통해 부수적인 이익이 생길 수 있기 때문이다.

또 만약 단가가 낮은 광고 상품으로 관계를 유지했을 때 효율이 떨어지면 언론사에서도 서비스 상품을 제안할 것이다.

셋째로 언론사가 주최하는 여러 행사에 대한 정보를 알고 있다면 그것에 지원하는 것이다. 언론사는 적극적으로 참여하는 기업이나 사람에게 더 후한 평가를 주게 되어 있다. 물론 언론은 공정하다. 하지만 언론사마다 지지하는 성향과 인물은 다 다르다. 기준이나 잣대를 어디에 맞추는지에 따라 달라지기 때문이다. 따라서 그 기준과 잣대의 성향에 잘 맞는 언론사를 찾아 그 언론매체와 친해지려는 노력을 지속해야 한다.

동네 아주머니나 경비원의 말, 인플루언서나 연예인 등 공인의 말, 언론사나 인증기관 담당자의 말. 다 똑같은 말이지만 지닌 힘은 다르다. 그 힘을 공신력이라 부른다. 어감에서부터 '~좋다', '~좋더라'가 아니고, '요새는 ~ 화제다', '~가 만석이다', '~가 인기다' 식의 확정적인 문장을 사용한다. 즉, 언론사 브랜드를 통해 사실로 인증받은 것이다. 신뢰라는 힘을 가지고 싶다면 언론사의 브랜드 영향력에 편승하도록 하자.

[실속 광고 TIP]
고객의 신뢰를 얻는 데 필요한 공신력을 얻으려면 언론과 친해져라!

08

재미있는? 진심이 담긴!

●

.

.

    방송에서 재미가 먼저일까, 진심이 먼저일까. 이것에 대해 질문하면 대부분 무조건 재미있어야 성공한다고 주장한다. 하지만 사람들이 재미있는 것만 본다면 대다수 유튜브나 방송 채널은 없어졌을 것이고, 예능이나 스포츠 프로그램만 남았을 것이다. 즉, 현실은 그렇지 않은 것이다. 각종 실험을 하는 채널, 정보를 전달하는 채널, 경제나 사회 등의 분야를 해석하는 채널, 시사 논평, 영화 평론 등 수많은 채널이 존재한다. 그런데 그 많은 채널이 다 재미있어서 존재한다는 말인가. 재미를 아예 무시해서도 안 되겠지만 그에 앞서 진심이 담긴 내용이 밑바탕에 깔려 있어야 한다는 것이다.

    재미와 진심을 적절히 담을 수 있는 것 중에 가장 접근하기 쉬운 채널이 있다. 바로 유튜브다. 유튜브는 지금도 이미 대세지만, 앞으로도 그

대세가 유지될 전망이다. 그리고 이런 유튜브 영상에는 진심을 동반한 정보가 담겨야 한다.

그런데 광고 담당자가 만든 유튜브 영상에는 기업의 광고를 전달하는 딱딱한 내용으로 채워진 경우가 많다. 이는 광고 담당자가 어느 순간부터 유튜브를 해야 한다는 기업의 요구에 따라 형식적인 영상을 만들어 홍보하기 때문이다. 심지어 많은 광고비를 들여 제작하고, 비싼 돈을 주고 여기저기 노출해서 말이다. 하지만 그렇게 막대한 광고비가 들어가는 유튜브 광고라고 해서 무조건 성공하는 것이 아니다. 남들이 하니까 따라서 하거나, 의뢰를 받으니 한다는 식으로는 기업의 진심을 담아내기 어렵다.

광고 담당자가 대충 짜깁기해서 만든 영상으로는 신념을 전달하기 어려울뿐더러, 이미 고객들이 수많은 광고를 통해 익히 알고 있는 내용인 경우가 많다. 유튜브 동영상은 원하는 정보를 텍스트나 이미지처럼 발췌하여 보기가 힘든 시스템이다. 그렇기에 고객이 원하는 정보를 얻으려면 동영상을 계속 보고 있어야 하는 수고를 겸해야 한다. 그런데 초반부 내용에 진심이 없어 보이면, 전하고자 하는 내용을 전달하기도 전에 이미 고객의 시선은 다른 곳을 향해 있을 것이라 장담한다. 유튜브 광고에는 기업의 진심과 신념이 담겨 있어야만, 고객들의 시선을 붙잡아 두고, 구독률을 높일 수 있다.

그렇다면 기업의 진심을 담기 위해서는 어떻게 해야 할까? 반드시 경영자나 이사급 임원진이 투입되어야 한다. 기업이 아니라 개인이라 하더라도 그 광고 주체의 철학과 신념이 녹아 들어간 진심을 전해야 한다는 이야기다. 이때 두 가지 방법이 존재한다.

첫째는 광고의 주체가 온 힘을 다해 전달하고 싶은 내용을 표현하는 방법이다. 둘째는 광고 담당자가 광고 주체와 같은 심정을 지녀야 한다. 그 후에 전달하고 싶은 내용을 표현해서 이사급 임원에게 허락을 받는 방법이다. 그러나 두 번째 경우처럼 할 수 있는 광고 담당자는 매우 적다. 정해진 시스템이 있다 하더라도 광고 담당자가 광고 주체의 심정이 되려면 그 기업의 상품에 대한 전문성을 지니고 있어야 하기 때문이다. 하지만 광고 담당자가 그렇게 되는 일은 매우 어렵다. 또 만약 신규 업종이라면 그 제품과 기업, 동종업계 제품 등을 최소 한 달 이상 사용해서 준전문가 수준이 되어야 한다.

따라서 유튜브 매체를 이용하겠다고 마음을 먹었다면 광고 담당자나 직원의 도움을 받기보다는 직접 기획해보길 권장한다. 스토리보드나 촬영 방법을 직접 설계하라는 말이 아니다. 영상을 기획하는 과정에서 전달하고 싶은 메시지나 정말 전하고 싶은 내용을 만들어 두라는 것이다. 만약 그렇게 할 자신이 없다면 광고 담당자의 조언을 받되, 진심이 담긴 것 같은지 아닌지를 면밀하게 살펴봐야 한다.

이제 대중은 경영자나 이사급 임원진, 브랜드 대체자(광고 주체)가 배

제된 유튜브 동영상은 제대로 된 유튜브로 받아들이지 않는다. 연예인을 섭외하여 브랜드 대체자로 쓰는 경우도 종종 있는데, 이런 경우도 진심이 없는 것은 마찬가지다. 브랜드 대체자는 앞서 말한 바와 같이 광고 주체에 대해 준전문가 수준이어야 하고, 기업의 진심을 대변해서 전달할 수 있어야 하기 때문이다. 따라서 동영상을 형식적으로 제작해서 홍보만 하면 될 것이라고 기대하고, 유튜브에 막대한 비용을 들이는 행위는 즉각 중단해야 한다.

사람들에게 진심을 전하기 위해서는 반드시 임원진이나 브랜드 대체자가 기업의 콘텐츠와 문화, 정보 등을 담아 진행해야 한다. 또 광고의 8원칙에 부합하는 내용을 지속해서 어필하면서 고객에게 다가가야 한다. 그 과정에서 재미 요소가 추가되면 더 좋겠지만 이는 필수 사항이 아님을 명심하자. 만약 재미도 추구하고 싶다면 재미있는 출연자를 초대하거나 영상기획자를 초빙해서 진행해보라. 유튜브 영상에는 유머 외에도 연설(설득력), 정보전달(명쾌한 강의), 콘텐츠(특별한 주제)와 같은 다양한 요소들이 존재한다. 그리고 이 중 한 가지만 제대로 발휘할 수 있어도 충분히 좋은 광고 채널로 활용할 수 있음을 기억하자.

유튜브는 광고의 8원칙 중 2~5원칙인 '다가오게, 생각하게, 필요하게, 소망하게'에 조금 더 집중해야 한다. 섬네일에 눈에 띄는 좋은 이미지나 문구로 다가오게 만들고, 궁금증을 자극하여 영상에 담긴 내용을 먹고 싶게 만들어야 한다. 이후 영상을 통해 광고하고자 하는 것에 대해 관심을 충분히 끌어 필요하게 만드는 과정을 거치고, 그것을 소망하게 만들어라. 이때 필요하게 만드는 과정에 소망하게 만드는 내용을 계속 섞어서 만들어도 좋다. 또 유튜브 특성상 소비자의 평균 정보 소비 시간이 긴 편이므로, 내용을 추가해 비교하는 방식을 선택한다면 매우 좋은 결과를 기대할 수 있다.

[실속 광고 TIP]

재미와 진심을 함께 전달하고 싶다면 유튜브를 활용해라. 단, 광고하는 것에 대해 전문성을 갖추는 것이 먼저다.

09

계속 눈에 밟히는 브랜드!

•

•

'눈에 밟힌다.'라는 말은 중의적인 의미를 담고 있다. 나쁜 의미로는 거슬린다는 뜻이고, 좋은 의미로는 계속 생각이 난다는 의미다. 그렇다면 브랜드는 계속 눈에 밟히는 것이 좋을까? 물론이다. 좋든 나쁘든 계속 고객의 눈에 거슬리고, 생각이 나야 한다. 그래야 브랜드에 대한 인식을 바꿀 기회도 주어지는 것이다. 광고주나 광고 담당자는 어떻게든 고객의 뇌리에 박힐 방법에 대해 고심해야 하며, 비용을 책정해야 한다. 물론 늘 좋은 의미로 눈에 밟히면 좋겠지만, 때로는 거슬려서라도 고객의 눈에 띄어야 한다.

PC와 모바일 시대로 넘어오면서 사람들의 눈길이 쉽게 닿는 것 중 하나가 바로 웹 배너다. 웹을 이용하는 사람이라면 누구나 웹 배너를 보게 된다. 어떤 플랫폼을 막론하고, 대다수 웹에는 광고 배너가 존재하기 때문이다. 특히 이 배너는 고객의 의사와 무관하게 절로 보게 된다는 점에서 다른 광고 영역과는 많은 차이가 있다.

필자는 지금까지 여러 가지 온라인 광고 영역을 설명했는데, 이 배너는 앞서 말한 모든 온라인 광고 영역에 존재한다. 각종 포털사이트의 검색 광고 결과나 블로그, 커뮤니티, SNS, 홈페이지, 언론매체, 유튜브 등에서 배너를 볼 수 있다는 말이다. 바꿔말하면 배너광고를 진행하면 여러 가지 영역으로 웹을 이용하는 사람들 모두를 대상으로 광고를 할 수 있다는 것이다. 따라서 제대로만 하면 배너광고를 통한 파급력은 상상을 초월한다.

다만, 광고 담당자는 배너광고를 집행하는 비용과 그로 인해 발생기는 광고 효과에 대해 고민하게 될 것이다. 배너광고는 사실 많은 광고 담당자들 사이에서도 그 효율성에 대해 갑론을박이 일어나는 영역이다. 또 이미 배너광고를 집행한 사람들도 마찬가지다. 어떤 사람은 효과를 많이 봤다고 하고, 어떤 사람은 전혀 효과를 보지 못했다고 한다. 광고 효율에 있어서 이렇게 결과가 극명하게 나뉜다는 것은 분명히 집행방식과 방법, 광고 담당자의 역량에 크게 좌우되는 영역이라는 것을 방증한다.

그도 그럴 것이 배너광고를 집행하는 과정에서 반드시 확인해야 할 여러 가지 사항들이 있다. 1차로 적절한 홍보 매체를 선정했는지 확인해야 한다. 그리고 2차로 전체 광고 예산에서 선정된 매체의 집행 비용이 얼마나 차지하는지 그 비율이 중요하다. 3차로는 어떻게 제작되어서 눈길을 끌었고, 어떻게 배너를 누르고 싶게 만들었는지 확인해야 한다. 4차로 배너를 통해 이동했을 때 고객이 필요하고 갖고 싶게 만들었는지가 중요하다. 그리고 마지막 5차로 고객이 구매하기 쉽게 만들었는지, 만족감을 미리 선사했는지를 확인해야 한다.

그런데 대부분 배너광고는 제작사에 모든 것을 맡기는 경우가 많다. 하지만 이 경우에는 제대로 된 배너광고를 만들기 어렵다. 일단 배너광고를 하려면 홍보 목적을 크게 두 가지로 나누어 선택해야 한다. 즉각적인 매출을 원하는지, 아니면 장기적인 브랜드 가치 상승을 원하는지로 사업군에 따라 선택을 다르게 해야 한다.

단기적으로 상품이나 서비스를 팔아야 하는 경우라면, 관련 있는 광고 매체에만 광고비를 지출해야 한다. 그리고 제작되는 이미지나 연결 페이지는 전부 즉각적인 구매가 가능하도록 구성해야 한다. 예를 들어 피자를 판다고 가정하자. 피자를 빠르게 팔기 위해서는 즉각적인 주문이 가능하게 제작되어야 하고, 구매 욕구를 자극하는 데 초점을 둬서 만들어야 한다. 피자 중에 주력 히트상품을 내세우거나, 신메뉴로 궁금증을 자극하는 방법이 좋은 예다. 단기적인 매출에 초점을 두기 때문에 광고비를 지출함과 동시에 판매량을 가늠해 볼 수 있다.

하지만 장기적으로 브랜드 가치를 높이는 데 중점을 둔다면 이야기가 다르다. 당장 주력상품을 내세우는 방식으로 광고를 하면 브랜드 효과를 얻기 힘들다. 100년 전통의 피자, 피자 계의 이단아, 이제 한국식 피자로 돌아왔다! 등으로 브랜드를 내세울 수 있는 문구와 이미지로 구성해야 한다. 이런 식의 광고는 생각보다 광고 효율이 높다. 군이 클릭당 비용을 지출하지 않고도 소비자에게 자주 보임으로써 브랜드를 각인할 수 있기 때문이다.

대부분 배너광고는 CPC(클릭당 과금) 방식이 많다. 하지만 고객이 배너를 클릭하지 않아도 그것을 봄으로써 그 역할을 충분히 했다는 것이다. 따라서 비용이 절감되는 것은 당연하다. 물론 단기적으로는 매출이 크게 오르지 않기 때문에 성과표에는 언제나 적자일 것이다. 하지만 고객의 마음에는 조금 더 다가갔을 것이고, 그들이 다음에 그 상품을 보았을 때는 더 친숙하게 느낄 것이다. 어떤 미국의 뇌 심리학 조사기관에서는 무의식중에 0.1초 동안 같은 이미지가 30번 스쳐 지나가면 다음에 그 이미지를 접했을 때 친숙하게 느낀다는 연구 결과를 발표한 바 있다.

따라서 배너광고는 이 두 가지 방식의 장단점을 이해해서 성과표에만 휘둘리지 말고 신념을 지켜서 제작해야 한다. 여기서 재미있는 것은 배너광고 제작업체의 수익 구조다. 당연한 이야기겠지만, 광고 비용이 많이 발생할수록 그 업체의 수익은 늘어난다. 따라서 필자가 주장하는 저비용 광고를 추천할 리가 없다. 당장 수익이 나오지 않으니 비용을 많이 쓰라고 권하게 될 것이다. 이런 경우 필자의 이야기를 떠올려 신중히 생각해 보길 바란다.

　단기적인 매출을 노리는 광고를 할 때는 결과보고서를 보고 광고 효과를 판단할 수 있다. 하지만 장기적으로 브랜드 가치를 높이기 위해서라면 광고 효과를 즉각적으로 판단할 수 없다. 따라서 단기적인 매출을 노리는 광고를 따로 제작한 후 매체를 선정하여 배포하고, 장기적인 브랜드 가치 상승을 노리는 광고도 따로 제작하여 배포하라. 그리고 그것을 합산해서 평가하는 숫자 놀음 보고서에 절대로 휘둘리지 말자. 어떤 광고를 대행사에 의뢰하더라도 광고의 8원칙을 고려하여 신중히 제작하고, 제작된 광고를 홍보 목적에 따라 다른 관점에서 채점하기를 바란다.

> **[실속 광고 TIP]**
>
> 고객의 눈에 자주 보이면 그만큼 친숙해진다. 배너 광고로 브랜드 민심을 차곡차곡 쌓아 보자.

CHAPTER 5

제대로 광고하는
네 가지 비법

＊＊＊

　광고도 일종의 상품이자 서비스이기에 일반적으로 생각하는 유통 과정을 거친다. 먼저 광고하는 주체를 크게 나누면 대행사, 실행사, 직원, 자신으로 볼 수 있다. 광고하기 위해서는 이 네 가지 주체 중 하나를 선택하여 운용하게 되는데, 제일 포괄적인 범위로 나누었다고 생각하면 된다. 주체를 좀 더 세분화하면 기획사도 들어갈 수 있지만, 경계가 모호하므로 기획사와 대행사를 묶어서 보는 것이 편리할 것이다.

　이제 이 네 가지 주체를 통해 광고를 진행할 때 고려해야 하는 것, 주의해야 할 사항, 성공하기 위한 비법에 대해 하나하나 짚어보려 한다.

01
대행사에 맡기는 비법

·
·

　먼저 대행사에 맡기는 경우를 제대로 이해하기 위해서 건축 과정에 대입해 보도록 하겠다. 건축비용이 준비되어 있다는 전제하에 건물의 건축을 맡기는 것을 상상해 보자. 건축에 대해 아무것도 모르는 사람이라면 대개 브랜드가 있는 건설업체를 선택하게 될 것이다. 브랜드가 있다는 것은 그만큼 소비자가 믿고 맡길 수 있다는 이야기다.

　다만 이런 브랜드도 굉장히 다양한 등급으로 세분화하는데 메이저 브랜드, 마이너 브랜드, 중소형 브랜드 등으로 신뢰도가 다르게 평가된다. 하지만 브랜드 가치와 비용에서 차이가 난다고 해서 비용의 차이가 꼭 실력의 차이라고 보기는 어렵다. 대형 건설업체도 세세하게 파고 들어가면 중형 건설사나 소형 건설사에 하청을 주는 경우가 많기 때문이다. 규모에 따라 감리만 직접 할 뿐, 실제 건설은 다른 곳이 하는 셈이다.

요컨대, 기획사나 대행사는 건설 계통으로 보면 최상위에서 진두지휘하는 곳이라 생각하면 된다.

그런데 꼭 이렇게 규모가 큰 대행사를 통해 광고를 진행해야 할까? 물론 광고를 진행할 때 중요한 가치를 어디에 두느냐에 따라 선택에 차이가 있을 것이다. 중요한 것은 광고를 맡기는 광고주나 광고 담당자의 역량과 시간적 여유에 따라 매번 다르게 선택해서 진행해야 한다는 것이다. 또 광고하고자 하는 영역에 진입장벽이 있느냐에 따라서도 선택을 다르게 해야 한다.

예를 들어 50층짜리 고층 건물을 짓거나 대형 빌딩을 건축한다고 가정해 보자. 건축하고 싶은 사람이 전문가이거나 시간이 많은 사람이라 할지라도, 이 경우에는 대형 건설사에 맡겨서 진행하고 싶을 것이다. 이유는 간단하다. 고층 건물일수록 높은 비용과 기술력이 필요하고, 비용이 많이 들어가는 만큼 하자 없이 건축하고 싶기 때문이다. 그리고 무엇보다 어느 정도 안정성을 보장받을 수 있는 장점이 있다. 대표적인 예로 안양역 바로 정면의 알짜배기 위치에 있는 흉물 건물이 있다. 당시 건축을 진행하기로 했던 건설업체가 부도가 나는 바람에 진행이 중단되었고, 벌써 10년이 훨씬 넘었음에도 재진행된다는 소식은 들려오지 않고 있다. 만약 대형 건설사와 진행했으면 그런 상황이 일어났을까? 대형 건설사가 진행했는데 그렇게 되었다는 사례는 아직 들어보지 못했다.

광고도 이와 비슷하다고 이해하면 된다. 어떤 광고든 모든 영역을 직접 진행하는 것은 불가능에 가깝다. 비용과 진행 규모가 클수록 반드시 전문가의 도움을 받아야 한다. 게다가 건축이든 광고든 그 분야에 대해 전혀 모르는 사람이라면 더욱 그러하다.

그럼 대행사를 선택할 때 무엇을 고려해야 할까? 대형 광고기획사나 대행사를 이용할 때 생기는 장단점은 명확하다. 단점은 가격이 비싸다는 것이다. 물론 다 그런 것은 아니지만 상대적으로 비싼 편이다. 당연히 대기업이니만큼 상대적으로 직원들 급여도 높을 것이고, 운영비도 많이 들어간다. 또 개발비를 비롯해 실제 업무를 진행해줄 실행사에도 유통구조 상 조금 절감될 뿐 광고 비용을 내야 한다. 게다가 브랜드 가치가 높은 대행사일수록 무리하게 광고 단가를 낮춰서 발생할 수 있는 각종 위험을 무릅 쓰려 하지 않는다. 결과에 대한 책임을 져야 해서 확실히 검증되지 않은 자재나 기법은 피한다. 하지만 그만큼 안전하다는 것과 어느 정도는 성과를 보장받을 수 있다는 점이 장점이다.

다만 건축을 할 때 대형 건설사를 선택하면 집값에 브랜드 가격을 더할 수 있다는 이점이 있지만, 광고는 이와 다르다. 막대한 광고비를 쓰고 난 후, 유명한 대행사를 통해 광고를 진행했다고 자랑하거나 평가받는 것에 신경을 쓰는 사람은 없기 때문이다. 중요한 것은 광고 효율이다. 따라서 광고 성과를 보장할 수 있는 대행사인지 확실히 파악해서 선택해야 한다.

필자가 운영하는 한국온라인광고연구소는 대행사에 속한다. 대행사에도 규모가 있다고 앞서 말한 것처럼 대행사 중에서는 중견급 규모를 자랑한다. 최적의 프로세스를 갖추고 있는 것뿐만 아니라, 필요한 도전을 하고, 최대한 책임을 진다. 필자의 회사처럼 대표의 이름을 걸고 운영하는 곳이나, 회사명이 잘 알려진 곳은 브랜드를 지키기 위해 진행 과정과 결과에 대해 최대한 책임을 지려고 한다.

다만 그 때문에 새로운 시도를 하거나 혁신에 도전하거나, 새로운 광고 영역을 개척하지 않으려는 곳이 많다는 것이 단점이다. 따라서 대행사를 알아보는 광고 담당자나, 광고주는 도전과 책임에서 중도적인 입장을 잘 취하고 있는 곳과 연을 맺으려 노력해야 한다. 혁신적인 시도를 전혀 하지 않는 대행사는 시대에 뒤떨어진 선택을 하기 때문이다. 실제로 대형 광고기획사나 대행사 중 절반 이상이 온라인 광고를 크게 염두에 두지 않는다. 옥외나 TV, 뉴스 지면 광고 등이 집행금액도 높고 그만큼 수익도 많이 나기 때문이다.

앞서 필자는 네이버 공식 광고대행사이자 주식 상장까지 되어 있는 규모가 상당히 큰 광고기획사와 연을 맺은 적이 있다고 말한 바 있다. 시작은 필자의 새로운 광고주가 그곳에 광고를 맡기고 있었기에 협약을 통해서 만난 것이었다. 일단 필자는 기본적인 월 광고비 규모를 1,200만 원으로 하고 최대 1,500만 원까지 맞추자고 제안했다. 하지만 그 광고기획사는 2,300만 원까지는 맞춰달라고 이야기했다. 기존에 그 업체가 쓰던 월 광고 비용이 3,000만 원쯤 되었기 때문이다. 그 업체의 주된 목적은 광고비를 최대한 많이 써서, 그에 따른 광고효과를 높이는 것이다. 그래서 기획사 직원들도 그런 시스템에 맞춰져 고비용 중심적인 사고를 보였다.

일단 기획사 직원의 업무성과를 판단하는 기준으로 광고주에게 얼마나 많은 광고 비용을 쓰게 만들었는지가 포함된다. 물론 광고주에게서 불만이 적게 나오도록 보고서를 여러 형태로 잘 보여 준다. 이런 업무가 광고주 회사의 매출을 높이는 것만큼 중요한 과제인 것이다. 실상 이런 무의미한 업무 시스템만 바꾸면 절반의 비용으로도 충분히 비슷한 형태로 광고를 진행할 수 있는 경우도 많다. 하지만 현실은 고비용 중심적인 시스템으로 인해 경쟁이 심해지고 이로 인해 광고비가 상승하게 되는 것이다. 이렇게 되면 광고주에게도 부담일뿐더러 광고 효율성도 저하되는 문제가 발생하니 매우 안타까운 일이다. 나중에 알게 된 사실이지만 보험설계사도 보험비를 더 높게 설계할수록 설계사에게 돌아가는 수당이 많다고 전해 들었다. 어떤 업계나 상황은 비슷한 것이다.

그런데 필자는 왜 군이 광고비를 낮추자고 제안했을까? 이유는 업체의 사정을 이미 들었기 때문이다. 필자에게 컨설팅을 요청했을 때 그 업체의 상황은 이미 과도한 광고비로 인해 사업장 규모를 축소해야 할 만큼 위험한 수준이었다. 게다가 매출이 절반 가까이 줄었음에도 사업이 잘 진행되던 때와 같은 광고비를 내고 있었다. 상황이 그런데도 사업주는 광고비를 줄이는 것에 대해 과도한 불안감을 가지고 있었다. 광고비까지 줄이면 더 위험해질 것 같다는 생각 때문이다. 대행사에 맡겼을 때 발생할 수 있는 위험 요소는 이런 데 있다. 대행사가 유도하는 대로 광고를 진행해서 만족했던 경험이 있으면 계속 같은 광고 기법과 영역을 유지하려고 하는 것이다. 그러면 가랑비에 옷 젖는 것처럼, 시간이 지나면서 광고 효율이 떨어져도 그것에 둔감해지게 된다. 그렇기에 끊임없이 광고 효율을 점검할 필요가 있다.

그렇다면 어떤 광고기획사나 대행사를 통해 광고를 진행하는 것이 좋을까?

첫째, 마케팅이 가능한 곳을 찾아라. 필자가 생각하는 마케팅이란 사람들에게 어떤 표현으로 어떻게 인식하게 할 것인가에 관해 연구하는 학문이다. 쉽게 말하면 광고할 상품을 포장하고 만드는 작업이다. 앞서 설명한 광고 8원칙의 상위 개념으로 이해하면 된다. 또 필자가 집필한 마케팅 전략 입문서 《오케팅(특별하지 않아도 1% 부자가 되는 전략)》에 자세히 설명되어 있으니 그 책을 참고해도 좋다. 중요한 것은 마케팅이 가능한 곳이 기업이나 상품에 대한 미래전략까지 세워 줄 수 있다는 것이다. 또 광고 결과에 대해서도 책임질 수 있다. 즉, 몇 년 후의 홍보 전략까지 예측하고, 그에 맞춰 새롭고 혁신적인 제안을 하고, 전략을 수정하고 보완하기 위해 노력하는 대행사를 찾아라.

둘째, 마케팅 비용 정가제를 쓰는 대행사와 거래하라. 대행사와 처음 이야기할 때 광고주가 주의해야 할 점은 광고비 예산을 오픈하지 않는 것이다. 총 예상 광고비를 먼저 밝히게 되면 광고기획사나 대행사는 그 가격에 맞춰서 진행하려 할 것이다. 이는 마치 포커에서 패를 모두 보여주고 상대방과 내기하는 것과 같다. 제일 어리석은 행동은 광고주가 월 집행 예산을 기획사나 대행사에 역으로 물어보는 것이다. 그렇게 되면 월 총 광고 예산은 올라갈 수밖에 없다. 만약 예산 분배까지 대행사에 맡긴다면 광고 효과는 떨어지고, 대행사의 이익만 증가하는 비상식적인 현상이 벌어지게 될 것이다.

만약 어쩔 수 없이 광고 예산을 알려주어야 하는 상황이라면, 총예산의 3분의 2로 줄여서 알려주는 것이 좋다. 그런 다음 그 예산에 맞춰 제시하는 광고 상품들이 어떤지 여러 동종 업체와 비교하고 또 비교하라. 이 과정에서 광고기획사나 대행사와 의리를 지킬 필요는 없다. 진정한 의리는 서로 배려하며 대행사가 자신의 회사처럼 생각해 주고, 안정적인 매출로 사업을 지켜주었을 때 성립되는 것이다. 그러므로 마케팅 비용을 들쑥날쑥하게 부르는 곳이 아닌 적정선에 맞춰 정가제를 쓰는 대행사를 찾도록 해 보자.

셋째, 광고주와 함께 성장하겠다는 의지를 가진 대행사와 함께하라. 광고비를 투자하는 쪽은 광고주다. 그런데 광고대행사가 광고주와 함께 성장하겠다는 생각을 지녔다면, 대행사 역시 광고주에게 투자할 수 있어야 한다. 새로운 광고 상품을 만들어서 제공하고, 초기에 발생하는 세팅 비용을 투자라고 생각하고 지원해야 한다. 필자가 광고주였던 시절에 광고비 결제 후에 이것저것 옵션이 붙거나, 추가 비용이 발생하는 경우를 겪은 적이 있다. 그 당시 필자는 매출이 안정적으로 나오지 않아 매우 절박했었는데, 그런 추가 비용 때문에 제법 큰 손실을 봐야 했다. 초기에 세팅 비용이 필요하다고 돈을 잔뜩 쓰게 하고, 작업 내역만 보여주며 약속한 것은 이행했다는 식이었다. 그러니 필자가 경험한 것을 교훈 삼아 대행사 직원들이 광고주를 어떤 시각으로 바라보고 일하는지 파악한 후, 선택하길 바란다.

넷째, 가능하면 광고 회사를 직접 찾아가 보라. 제대로 운영되는 곳인지, 비전은 있는 곳인지를 확인해야 한다. 만약 부득이하게 대행사 측 사람을 불러서 만나야 한다면, 반드시 실무 운영진과 미팅을 잡고, 컨설팅 과정을 거친 후에 진행해야 한다. 왜냐하면 대행사에는 영업 사원이 많기 때문이다. 광고 시스템에 비전문적인 영업 사원에게 컨설팅을 받고 진행하는 것은 의사가 아닌 일반인에게 외과 수술을 받는 것처럼 위험한 일이다. 광고 효과를 제대로 보기도 어려울 뿐 아니라 시간이 지나면 광고주를 단순히 돈줄로 취급하는 예도 있다. 상담하는 사람이 영업 사원인지 아닌지 판단하는 방법은 생각보다 간단하다. 몇 가지 어려운 질문을 하거나, 설명을 제대로 하는지, 광고 효과를 보장하는지 들어 보면 된다.

다섯째, 컨설팅 과정에서 광고주를 얼마나 배려하고, 자세하고 전문적으로 설명해 주는지 관찰하라. 질문한 사람이 이해할 때까지 차근차근 설명해 주는지, 광고 영역이 다양하고 그 영역에 자부심을 지니고 있는지, 몇 개월 몇 년 후의 상황을 예측하고 시뮬레이션을 해 줄 수 있는지 등에 초점을 맞추고 대행사를 물색해야 한다. 광고주와 대행사가 함께 미래를 설계하면서, 설명을 듣고 광고 원리에 대해서도 배울 수 있는 곳이면 더욱 좋다. 특히 광고 담당자들과 메신저 등으로 쉽게 대화할 수 있는 시스템을 갖춘 곳을 찾아라. 광고주의 질문을 귀찮아하거나 알려주지 않으려고 하는 업체는 스스로 자신이 없다고 이야기하는 것과 같다. 모르면 어떻게든 방법을 찾거나 알아내서 답변해 주려고 노력하는 학구적인 자세를 갖춘 업체를 찾아라.

이런 다섯 가지 사항을 따져 보고 비교하여 기획사나 대행사를 찾는다면 광고를 진행하는 데 실수할 확률은 현격히 준다. 대행사를 찾는 데 시간이 걸리거나 번거롭고 귀찮을 수 있다. 하지만 그렇더라도 반드시 이런 검증과정을 거쳐야만 소중한 광고비를 허투루 쓰지 않고, 사업도 안정적으로 지킬 수 있음을 명심하자.

02

실행사에 맡기는 비법

•

•

•

기획사나 대행사로부터 업무를 받아 진행하는 곳을 보통 광고실행사라고 부른다. 실제로 해당 매체의 광고를 실행하는 곳이라 하겠다. 따라서 대행사 한 곳에 30개 이상의 실행사가 붙어있는 경우도 종종 있다. 실행사마다 다루는 매체와 주력 전문 분야가 다르기 때문이다.

블로그 광고를 진행하는 실행사를 예로 들어보자. 첫째로 블로그를 제작하고 검색페이지에서 상위에 잘 보이도록 하는 데 주력하는 실행사가 있다. 둘째로 마케팅 기획을 잘하고, 끌리게 만드는 것에 전문인 실행사가 있다. 셋째로 블로그 스킨이나 상세 페이지를 예쁘게 디자인하고 잘 꾸며내는 디자인 전문 실행사도 있다. 넷째로 파워 블로거에 준하는 블로거들의 리스트를 보유하고 있어 후기 작성과 배포에 능한 업체가 있다. 다섯째로 블로그를 통해 홈페이지 같은 관리 매체로 연동되게 하거나 이미지, 영상, 상담 채널 등과 같은 홍보 시스템 구축을 전문으로 하는 업체가 있다. 이처럼 하나의 분야에도 세부적으로는 여러 가지 전문 실행사가 존재한다.

그리고 이러한 구조가 비단 광고 분야에만 존재하는 것은 아니다. 인테리어 분야를 예로 들어보겠다. 동네 인테리어 가게 사장님의 전문 분야가 전기라면 전기를 다루는 것에 대해서는 프로다. 인테리어 간판을 달고 있으므로 페인트나 도배 등의 분야도 어느 정도는 진행할 수 있을 것이다. 하지만 전문가만큼의 실력은 못 된다. 특히 어렵고 복잡한 설비나 페인트 디자인, 단열 도배와 같은 전문성이 필요한 작업은 직접 진행할 수 없다. 그래서 인테리어 업자라 하더라도 전기 분야에서는 프로인 실행사이고, 그 외 분야는 다른 전문 실행사에 외주를 줘야 하는 대행사에 가까워지는 것이다. 따라서 일부 분야만 직접 실행하고 대부분 대행사처럼 다른 실행사에 외주를 주는 실행사라면, 당연히 전문 실행사에 직접 맡기는 것보다 광고 비용이 올라가게 된다.

하지만 예외는 있다. 규모가 제법 큰 인테리어 업체는 사장님 혼자서 모든 일을 담당하지는 않는다. 사장님이 전기 담당이면 설비팀장, 페인트팀장, 도배전문팀장 등 다양한 분야에 전문 인력을 두고 있을 것이다. 따라서 이 인테리어 업체는 전기, 설비, 페인트, 도배 등을 직접 실행하기에 외주를 주는 업체보다 비용이 저렴할 것이다. 또 전문 분야도 다양해 여러 업무를 동시에 맡겼을 때 빠르고 원활하게 진행할 수 있다. 정리하자면 도배만 하는 업체에 설비와 페인트까지 동시에 맡기면 도배 비용은 저렴하지만, 설비나 페인트 비용은 비쌀 수밖에 없다. 반면 도배, 설비, 페인트 등을 모두 직접 진행하는 업체에 맡기면 도배 가격은 전문 업체보다 올라갈 수 있겠지만 설비나 페인트 등의 비용이 저렴하므로 결과적으로 적정 수준의 가격으로 인테리어를 진행할 수 있게 된다.

필자는 예전에 사무실 인테리어 공사를 진행한 적이 있다. 특히 방음에 신경을 쓰던 터라 일반 인테리어 업체에서는 진행하기 어려웠다. 그러다 꽤 방음공사를 전문으로 하는 업체를 찾아서 인테리어 공사를 맡겼다. 그런데 전체적인 사무실 인테리어는 매우 투박했고, 개인 사물함이 목욕탕 사물함을 연상케 했으며, 싱크대에는 여러 하자가 발생하고, 천장에 붙여둔 것들이 떨어지는 등의 문제가 나타났다. 방음 하나는 정말 일품이었고 만족스러웠으나, 그 외 다른 부분들은 대부분 만족스럽지 못했다. 방음공사는 직접 실행했지만 그 외 모든 공사는 외주 작업자가 한 것이다. 나중에 전기에 문제가 생겨 보수 문의를 했는데, 처리에 한 달이나 걸렸으며 그것도 임시로 조치해 주는 수준에 그쳤다.

광고를 진행할 때도 인테리어 공사에서 얻은 교훈을 생각해서 주의할 점이 있다.

앞서 이야기한 것처럼 실행사가 직접 실행하는 영역이 많을수록 전문 분야만 하는 곳보다 기본 단가는 올라갈 것이다. 하지만 전문 분야가 아닌 다른 것을 모두 외주에 맡기는 곳보다는 전체적으로 비용이 저렴하다. 따라서 단일 광고만 특정적으로 집행하고자 한다면 해당 분야에서 전문적인 실행사를 찾아서 진행하는 것이 좋다. 이 경우 비용도 저렴할뿐더러 전문성도 갖추고 있기 때문이다.

그러므로 실행사에 광고를 맡길 때는 기본적으로 그 광고 분야에 대해 상당한 준전문가 수준이어야만 한다. 예를 들어 마케팅 기획을 자신 있게 해둔 광고주라면 블로그 상위 노출을 잘하는 실행사, 마케팅 기획 실행사, 디자인 실행사, 후기 배포 실행사, 시스템 구축 실행사, 광고 효율 분석 실행사 등을 필요에 따라 섭외하면 된다. 즉, 특정 분야의 광고를 수년간 진행해본 경험이 있는 준전문가 정도는 되어야 실행사에 맡기는 것이 좋다. 이렇게 업계에 대해 기본적인 지식을 갖춘 상태에서 각 실행사를 섭외하면 광고 비용을 절감할 수도 있다. 그리고 실행사에 대해 정확히 기대하는 효과가 있으므로 해당 광고에 대한 효율과 분배를 스스로 고민하여 조절하면 된다.

그런데 이런 경우 실행사는 지극히 수동적으로 일을 하게 된다. 대행사처럼 광고 효율에 대한 책임이 없기 때문이다. 실행사는 광고주로부터 원하는 것을 요청받았고, 그것을 실행해 주었다. 그럼 그것으로 상호 계약이 성립된 것이다. 따라서 광고주는 효율이 떨어지면 그 원인을 분석하고 실행사를 바꾸는 등의 수정, 보완에 계속 신경을 쓸 수 있어야 한다. 만약 이런 조건이 충족된 곳이라면 대행사나 직원을 통하거나 직접 광고를 진행하는 것보다 더욱 이상적으로 광고를 할 수 있을 것이다. 광고주의 업종에 대해 가장 잘 알고 있고, 매출 증대를 간절히 바라는 사람도 광고주 본인임을 명심해야 한다.

만약 광고주가 그런 일에 점차 소홀해져 실행사에만 맡겨 두게 되면 당장은 몰라도 곧 크게 후회하게 될 수 있다. 마치 겉으로는 티 나지 않고 속부터 먼저 썩어가 결국 못 먹게 되는 호두처럼, 원인도 모른 채 광고비를 더는 쓸 수 없는 상황이 오게 되는 것이다. 따라서 광고주나 광고 담당자는 스스로 광고 영역을 공부하고 계속 검증해야 퇴보가 없으며, 실행사를 제대로 이용할 수 있다.

필자가 운영하던 회사도 처음엔 실행사로 시작했다. 사실 눈치 빠른 독자들은 이 구조에 대해 이해했을 것이다. 실행사의 과정을 겪지 않고 바로 대행사가 되는 경우는 드물다. 실행사의 규모가 커지는 과정에서 이 실행사로서의 진행과 대행사로서의 진행이 혼재되는 시기가 있다. 이 시기에 있는 업체에 광고를 맡길 때는 어디까지가 실행이고 어디까지가 대행인지를 정확히 파악해야만 손해를 줄일 수 있다. 보통은 광고주에게 이런 실행과 대행 부분에 대해 구분해서 알려주지 않기 때문에 더욱 그렇다.

필자는 이러한 구조적 문제를 잘 알기 때문에 아예 처음부터 광고주에게 오픈하여 알려주었다. "이런 부분은 저희가 직접 실행합니다. 다만 다른 몇 가지 예외적인 부분은 외주를 주어 진행합니다. 외주를 주는 부분은 저희가 대행사 격으로 움직이기 때문에 이 비용이면 진행이 가능할 것 같습니다. 이 경우 저희도 따로 이익을 남기지 않고 외주 비용 그대로 진행될 수 있도록 도와드리고 있어서 확실하게 책임을 지기는 어렵습니다. 다만 지금까지 수년간 저희 외주를 잘 진행해 오던 곳입니다."

이렇게 실제 외주 비용을 오픈해버렸다. 우리가 실행하는 부분에 대해서는 응당 제값을 받고 책임을 진다. 그러나 외주 비용을 높여서 받아버리면 나중에 책임 소지의 문제도 발생할 수 있고, 필자의 고객이 부담을 지게 될 수도 있다. 이는 결국 우리 업체의 총금액 인상과 만족도 하락으로 이어질 수 있는 것이다. 외주를 주며 따로 이득을 남긴다면 당장 눈앞의 이익은 얻을 수 있겠지만, 그런 방식은 정직과 신뢰를 기반으로 하는 필자의 사고와 철학에 부합하지 않는다. 이렇게 정직한 방법으로 광고가 진행되어 좋은 효율이 나오면, 그 광고주는 필자를 믿고 계속 거래하게 될 것이고, 그것이 곧 가치이자 경쟁력이라 생각한다.

이 밖에도 실행사를 통해 광고를 진행하고자 할 때 주의해야 할 중요한 사안이 있다. 실행사는 열 번을 잘하다가도 한 번 잘못하면 업체가 없어지는 경우가 종종 있다. 차후 고객 서비스(Customer Service)가 불가능한 사태, 쉽게 말해 부도가 나는 것이다.

필자가 불과 수년 전에 겪은 일이다. 필자와 10년 넘게 거래하던 실행사가 있었다. 프로그램과 아이디를 판매하는 업체였는데, 실수를 한 번도 하지 않던 곳이다. 그래서 계속 믿고 거래를 했는데 어느 순간 유독 희소성을 지닌 프로그램과 아이디의 공급량이 비정상적으로 증가했다. 그때 필자는 쟁여두겠다는 생각으로 평소 거래량보다 과하게 구매했다. 심지어 바로 검증도 안 했을 정도로 맹신하던 업체였는데, 한 달 정도 후에 사용하려고 보니 그 프로그램과 아이디가 모두 가짜였던 것이 밝혀졌다. 그 업체도 공급업체에 사기를 당한 것인데 당시 사태를 감당하지 못해 결국 폐업하게 되었다. 필자는 대략 원가 7,000만 원 정도의 큰 피해를 보았고, 프로그램과 아이디 수급이 원활하지 않아 고객에게 보상한 것까지 합하면 피해액은 훨씬 웃돌았다. 만약 실행사에서 평소보다 과하거나 유리하게 진행되는 것이 있으면 먼저 경계해 볼 필요가 있다. 직접 거래하던 실행사가 부도가 난다면 그 피해는 고스란히 실행사를 이용한 광고주가 감수해야 함을 잊지 말길 바란다.

필자가 겪은 여러 경험을 바탕으로 정리하면 좋은 실행사를 만나기 위해서는 몇 가지 조건을 지켜야 한다.

첫째, 광고의 유통구조를 제대로 이해하라. 앞서 언급한 대로 해당 광고 영역이 어떠한 유통구조를 거치는지 파악하는 것이 먼저다. 광고 영역마다 유통구조는 상상하기 어려울 정도로 세분화되어 있음을 알아야 한다. 책 한 권을 만들 때도 단순히 인쇄소에서 종이를 찍어내기만 하면 끝나는 것이 아니다. 표지나 내지를 인쇄하고 재단하는 곳, 표지에 코팅이나 박 등의 후가공을 하는 곳, 책에 띠지를 두르는 곳, 책에 래핑 작업을 하는 곳 등 인쇄 공정만 해도 많은 세부 분야가 존재한다. 따라서 각 분야를 이해하고, 전문업체에 맡길수록 비용은 절감된다. 그리고 실행사를 잘 찾을수록 광고의 질과 효율은 높아질 것이다.

둘째, **업체의 스토리와 작업 포트폴리오를 확인하라.** 제대로 된 광고업체라면 작업 포트폴리오를 줄줄이 들고 다닐 것이다. 그간 너무 당당히 해온 것이 많다는 이야기를 증명하는 자료이기 때문이다. 자랑하지 않을 수 없을 만큼 보여 주는 것이 많은 곳을 눈여겨보자. 단순히 잘해주겠다는 말만 늘어놓고 샘플 자료는 한두 개만 보여 주는 곳은 그만큼 업계에서 경력이 짧다는 것이고 곧 없어져도 이상하지 않다는 것임을 명심해야 한다. 특히 실행사 중에는 내일 없어져도 이상하지 않을 만큼 규모가 작은 업체가 많다.

그리고 미팅을 통해 실행사가 어떤 일을 전문적으로 하고 있고, 어떤 식으로 성장해 왔는지 질문함으로써 그 업체에 대한 신뢰도를 평가해야 한다. 검증도 하지 않은 상태에서 덜컥 광고비를 결제해 버리면 사고가 날 위험도가 높다. 실행사가 그동안 아홉 번을 잘해 왔다 하더라도 사고는 딱 한 번에 터질 수 있음을 늘 경계해야 한다.

셋째, **요구한 영역에 대한 작업 퀄리티를 확인하라.** 막상 실행사에 어떤 영역의 광고를 맡겼을 때 그 결과가 형편없는 경우가 많다. 동영상 작업을 예로 들어보자. 편집된 동영상은 상당히 높은 수준이라는 것을 확인했다고 치자. 그런데 그 업체는 편집만 잘하고, 나머지는 능력 미달인 경우가 있다. 영상 시나리오는 전혀 손댈 줄 모르고, 촬영 기법도 어설플 수 있는 것이다.

필자는 예전에 실행사가 작업한 동영상을 두 개 보고 매우 만족하여 그 실행사를 믿고 홍보영상 제작을 맡긴 적이 있다. 그런데 우리에게 제공된 작업물은 너무 형편없었다. 잘 만들었다고 생각한 동영상과는 너무 다른 퀄리티에 필자는 그 동영상이 고객의 요청으로 편집 작업만 한 결과물이 아닐지 추측했다. 결국, 필자는 제대로 된 영상을 만들기 위해 시나리오를 만들어서 주고, 촬영까지 해서 줘야 하는 황당한 상황을 겪었다. 만약 이런 수정 과정 없이 그냥 제작해 준 대로 영상이 뿌려졌다면 지라시 같은 홍보영상에 불과했을 것이다. 그리고 그런 영상으로는 아무리 많은 광고비를 추가로 집행한다 해도 절대 높은 효율을 기대할 수 없다. 따라서 작업물의 퀄리티를 확인할 때는 어떤 식으로 만들었는지 구체적으로 확인하고 검증해야 한다.

넷째, 계약 전에 일부러 과한 업무 요구를 해 보라. 예를 들어 홈페이지 전문 실행사에 현수막도 만들어 줄 수 있느냐, 외부 배너 시안도 만들어 줄 수 있느냐 등의 질문을 하는 것이다. 이때 다 해줄 수 있다고 자신 있게 이야기하는 곳은 의심을 해 봐야 한다. 당장 눈앞의 영업이 중요한 곳일수록 그런 허세를 부리는 곳이 많기 때문이다. 물론 실제로 다 해 줄 수 있는 곳일 수도 있지만, 규모가 크지 않은 일반적인 실행사라면 그렇게 모두 해 주기는 어렵다. 그런데도 다 된다고 말하는 업체를 믿고 맡긴다면 나중에 분명 위험한 상황이 발생할 수 있다. 그러므로 차라리 안 된다고 하는 실행사가 솔직하니 믿을 만할 것이다. 또는 실행사는 아니지만 그 작업을 저렴하게 해 주는 곳을 알아봐 주겠다는 식으로 응대하는 곳이 정직할 것이다.

필자도 홈페이지 관련 업무를 직접 실행하기 전에는 해당 분야는 외주를 주었다. 그런데 홈페이지에 있는 글자 몇 개를 수정하는 데 3주나 걸리는 놀라운 경험을 했다. 심지어 필자의 광고주가 필자를 봐서 그 상황을 참아 주었기에 더 난감하고 미안했다. 결국 광고주에게 죄송한 마음에 한 달 치 광고비를 받지 않고 무상으로 지원해 주었다. 그리고 직접 홈페이지에 대해 배우려고 학원에 다녔고, 일부는 독학해서 습득했다. 그리고 지금은 회사에 홈페이지 업무를 담당하는 팀장과 직원을 여러 명 두고 있으며, 광고주가 수정을 요청하면 되도록 당일에 직접 처리해 주는 홈페이지 업무 관련 실행사가 되었다.

좋은 실행사를 찾으려면 광고 업계의 유통구조를 이해하고, 광고주나 담당자가 각 영역에 대해 기본적으로 알아야 할 지식을 쌓아나가야한다. 그리고 진행하고자 하는 광고 영역이 확고하다면, 그 영역의 세부

구조에 따라 전문 실행사를 모두 찾아내 직접 맡기길 권장한다.

세부적으로 분류하여 전문가에게 맡길수록 광고 비용도 절감되고, 실행사 간에 적절한 협업이 이루어지면 가성비가 매우 높은 광고가 탄생한다. 따라서 광고 진행을 실행사에게 맡길 때는 광고회사 부장의 심정으로 준비하고 맡기는 것이 좋다.

그리고 이러한 과정을 통해 광고를 한 번 진행함으로써 시스템을 제대로 구축하게 되면, 최적의 비용으로 최고의 효과를 내는 광고를 일정 기간 유지할 수 있을 것이다. 물론 앞서 언급한 바와 같이 광고 효율은 비슷한 수준을 계속 유지하기 어렵고, 살아 있는 생물처럼 계속 변하기 마련이다. 고객은 트렌드에 쉽게 익숙해지고, 새로운 광고 영역과 기법은 계속 탄생한다는 점을 명심하자.

무엇보다 광고주가 꾸준히 시간을 투자하면서 실행사들을 진두지휘할 수 있다면 여러 방면으로 매우 좋은 효과를 거둘 수 있다. 광고 비용도 아낄 수 있으며, 그 아낀 비용으로 다른 영역에 재투자하고, 투자한 영역을 새로 파악하여 지휘하는 방식으로 운용한다면 더할 나위 없을 것이다. 광고하려는 업종에서 효과가 이미 검증된 광고 영역을 선택하고, 이러한 방법을 적용하여 계속 업데이트할 수 있도록 노력해 보자. 잘만 운용하면 반드시 좋은 결과가 있을 것이다. 그러므로 어느 정도 광고 영역에 대한 지식을 지니고 있지만, 직접 광고를 실행하기에는 어려움이 있다면 실행사에 맡기는 것을 추천한다.

03

직원에게 맡기는 비법

•

•

•

광고주가 회사에 광고 담당 직원을 두고 운용한다는 것은 매우 매력적으로 보이는 일이다. 사업의 규모가 크고 매출이 안정적이거나 금전적으로 여유가 있는 사업주라면 매달 나가는 광고 비용 명세서를 보고 광고 담당 직원을 채용하는 것에 대해 고민하는 시점이 온다. 광고비로 지출하는 비용이 사업 운영비에서 생각보다 꽤 높은 비율을 차지하기 때문이다. 그래서 광고 담당 직원을 채용하면 그 비용을 절감할 수 있을 것이라는 착각과 유혹에 빠지기 쉽다.

하지만 이런 단순한 사고는 매우 잘못된 것이며 결정적인 오류가 있다. 적어도 직원을 부리기 위해서는 그 직원을 관리할 수 있는 별도의 전문 관리자가 존재해야 한다. 특히 광고 담당 직원을 관리하려면 광고 업계 종사자 중에서도 관련 지식이 풍부하고, 능력도 뛰어난 관리자가 필요하다. 이 경우 관리자의 경력은 최소 15년 이상이어야 할 것이고, 월 급여로 500만 원 이상을 예상해야 한다. 게다가 이런 관리자 밑에서 일을 도울 수 있는 초·중급 능력을 지닌 직원도 함께 존재해야 한다. 그리고 이와 별개로 각 영역에서 실제로 광고를 진행하려면 집행 비용이 추가로 발생한다.

광고업종은 담당자의 능력에 따라 결과가 좌지우지되는 전문 직종으로 봐야 한다. 단순히 정해진 프로세스에 따라 반복적인 작업을 해서는 좋은 결과를 얻을 수 없기 때문이다. 따라서 일반적인 경력을 지닌 직원 한두 명만 있으면 충분하다고 생각하면 큰 오산이다.

과거에 필자가 아끼던 관리직원이 있었다. 그 직원은 퇴사 후에 동일 업무를 진행하는 회사를 차렸고, 신규 거래를 맺어 그동안 해 왔던 방법으로 광고를 진행했다. 당시 그 직원이 광고를 진행하던 업종은 필자의 회사에서 운영하던 업종과 같았기에 한동안은 별도의 기술개발이 필요하지 않았다. 그래서 광고 업무 프로세스도 똑같이 진행했고, 필자와 일하던 프리랜서를 고용해 광고 시스템을 운영했기에 필자 회사의 복제 상품이라 해도 과언이 아니었다.

하지만 2년도 채 되지 않아 문제가 발생했다. 업데이트되지 않는 광고 시스템과 떨어지는 광고 효율, 보장되지 않는 광고 효과, 변화 없는 광고 기법에 대해 광고주들이 실망하기 시작한 것이다. 그 직원은 필자와 함께 오래 일했고 개인 경력도 꽤 길었음에도, 결국 회사를 유지하지 못하고 폐업하게 되었다.

광고업계에서는 단순한 경력만으로 그 실력을 입증할 수 없다. 광고는 예술에 비유될 만큼 개인의 창의성과 능력이 더 우선시 되는 직종이기 때문이다. 백종원 선생이 '사람 한 명을 위해 맛있는 한 끼를 차리는 것과 백 명을 위해 맛있는 한 끼를 차리는 것은 전혀 다른 재능이다.'라고 주장한 바 있다. 맞는 말이다. 광고 분야에서도 같은 방식을 계속 잘 유지하는 것과 새로운 기법을 만들어 적용하는 것은 전혀 다른 재능이다. 그리고 그 시스템을 다양한 업계에 종사하는 광고주에게 적절히 적용하는 것은 더 어려운 일이다.

또 비용적인 측면에서도 예상하지 못한 데서 어려움을 겪을 수 있다. 직원이 광고를 진행하는 과정에서 모든 실무를 혼자서 처리하는 경우는 드물다. 옥외 광고를 한다고 예를 들어보겠다. 직원이 광고 기획과 콘셉트 구상, 건물 위치 섭외, 디자인, 브랜드 슬로건과 메시지 전달 등의 다양한 영역을 모두 소화할 수는 없다. 각 업무에 대한 전문성이 떨어질 수밖에 없으므로, 부족한 부분을 채우기 위해 다양한 분야의 직원을 채용하게 되면 그만큼 전문성은 올라가겠지만, 인력 비용도 함께 올라가는 것이다.

게다가 매체별 집행 비용, 즉 매체 이용료도 별도로 내야 한다. 만약

TV 광고를 진행한다면 기획과 제작을 직접 한다 해도 모델 섭외비용과 광고 시간 구매비용 등이 발생하는 것이다. 옥외 배너를 하려면 자릿세를 내야 하고, 검색 광고를 진행하면 클릭당 비용이 발생하는 것도 같은 이치다.

사실 광고비 중 제일 큰 비중을 차지하는 부분이 '바라보게 하는' 비용이다. 따라서 직원을 두고 광고를 직접 진행한다고 해서 광고비 절감 효과를 크게 기대하기는 어렵다. 또 광고비 결제가 매출 결과로 직결되기에 대표는 의사결정과 총괄관리에 늘 촉각을 세워야 하는 피곤함을 감수해야 한다.

필자는 기업에 광고 컨설팅을 해 주거나 강의를 할 때 광고를 대행사나 실행사에 맡기거나 직접 하는 것보다 직원에게 맡겨서 운용하는 방식이 난도가 가장 높다고 말한다. 직원에게 맡기는 방식을 표면적으로 보이는 것만 가지고 쉽게 생각하면 절대 안 된다는 것이다.

단언컨대 채용한 직원이 광고주가 원하는 만큼 알아서 다 잘해 주기는 현실적으로 불가능하다. 말 그대로 직원은 그냥 직원일 뿐이고, 경영자와 관리자가 직원을 제대로 통제함으로써 직원의 실력을 키우고 생각을 바꿔줘야만 제 몫을 할 수 있게 된다. 하지만 그것은 광고 일을 하는 것 이상으로 고된 업무가 될 것이다. 반대로 처음부터 경력이 많고 너무 뛰어난 직원을 채용하면 그만큼 자기주장이 강해 회사의 방식과 충돌할 수 있고, 업무 조절도 어렵게 된다.

따라서 광고주는 기본적으로 전체적인 광고 시스템에 대해 꿰뚫고 있는 역량을 갖춤은 물론이고, 개성이 통통 튀는 광고계 직원들을 관리하는 기술도 지니고 있어야 한다. 이 때문에 광고주는 직원을 관리해야 하는 직책과 업무가 생각한 것보다 매우 버겁다고 느낄 것이다. 그래서 직원에게 맡기는 방식이 가장 어렵다고 이야기하는 것이다.

이 방식을 처음 시도할 때는 대개 쉽게 생각하고 직원을 채용하지만 얼마 되지 않아 80~90% 업체가 사업을 접는다. 일단 본인이 너무 힘들기 때문이다. 힘든 만큼 광고 효과를 제대로 볼 수 있다면 좋겠지만 그렇게 되는 경우는 사실 매우 드물다. 심지어 광고 비용이 대행사에 맡기는 것보다 몇 배 이상으로 소모되는 경우도 다반사다. 하지만 제일 큰 문제는 따로 있다. 광고를 한다는 것은 본업이 따로 존재한다는 것이다. 그러면 그 본업에 집중해야 하는 상황임에도 광고 업무 때문에 본업에 지장이 가게 되고 이로 인해 정신적, 체력적 소모도 크다는 점이다.

그렇다고 직원에게 맡기는 회사가 모두 실패하는 것은 아니다. 대다수 업종이나 경쟁에 있어서 우위에 있는 상위 1%는 어떤 방식을 시도하든 쉽게 망하지 않도록 설계되어 있다. 그리고 광고업종에도 이 불변의 원칙이 적용된다. '(주)미쓰윤'이라는 종합광고대행사는 현재 월 매출이 100~500억 미만인 강소기업이다. 그런데 이 기업은 여기서 이야기하는 광고를 직원에게 맡기는 회사에서 탄생했다.

처음에는 한의원에서 홍보직원을 두고 자사 광고를 하는 것에서 시작했다. 한의원 대표원장의 아들이 광고부서를 이끌고 직원을 늘려가며 사업을 키웠다. 그러다 광고 몇 개가 대박이 났고, 이후 유명해지면서 종합광고대행사로 성장하게 되었다.

필자는 이것이 아들이 광고에만 집중하면서 광고주의 애정도에 필적하는 마음가짐으로 전력을 다해 사업을 추진했기에 가능했다고 본다. 만약 본업이 따로 있고, 그곳에도 신경을 써야 했다면 성공할 확률은 희박했을 것이다. 즉 광고주가 마케팅 역량을 갖추고 있고, 직원 관리와 경영도 가능하면서 광고 업무에 집중할 수 있는 환경이 조성되어야 최소한의 진행 조건이 갖춰진다. 나아가 위의 사례처럼 광고 업무가 안정화되면 기업으로 규모를 확장할 수도 있다. 하나의 부서에서 사업체로서 자리를 잡고, 외부 수주가 늘어나면, 본업보다 높은 매출을 달성할 수도 있다.

사실 필자도 과거에 동네 의원에서 홍보직원으로 근무한 적이 있다. 초기에는 필자를 포함해 직원이 4명뿐인 작은 회사의 막내였다. 그리고 시간이 지나면서 필자를 중심으로 직원을 채용했고, 사업을 계속 확장해 나가 외부 광고도 진행하는 단계에 이르렀다. 처음에는 월 매출이 3,000만 원 이하였는데, 자사 광고와 외주 수입이 증가하면서 월 매출이 약 2억 5,000만 원까지 올랐었다.

하지만 갑작스러운 시장 변화로 매출이 일시적으로 급감했고, 그런 상황이 몇 달간 지속되자 대표님은 직원과 예산을 줄이고자 했다. 이에 필자는 투자를 멈추기보다는 위기를 기회로 삼아 더 공격적인 광고를 해야 한다고 주장했다. 하지만 대표님은 일시적인 적자 상황을 견디기 힘들어했고, 경영 스트레스에서 벗어나고 싶다며 더는 회사 운영에도 관여하고 싶지 않다고 토로했다. 심지어 대표님의 본업이 한의사인지라 수입이 나쁘지 않았는데, 본업에 막대한 지장이 가기 시작하자 부담이 된 것이다. 결국 필자가 채용했던 직원들은 회사가 사업을 접으면서 퇴사하게 되었다. 하지만 필자는 초기에 심각한 적자 위기에 내몰렸음에도 그들을 책임지기 위해 전원 필자의 회사로 재취업시켜 그대로 사업을 추진했다.

현재 경영자의 시점에서 뒤돌아 생각해 보니, 광고 사업을 하는 데서 받는 경영 스트레스는 생각보다 강도가 높다. 다른 업종에 비해 광고계는 유동성이 심하기 때문이다. 당시 대표님은 성격이 매우 유한 분이었기에 그 심정이 충분히 이해된다. 그런 상황에는 '잘 되어도 문제, 안 되어도 문제'라는 말이 딱 들어맞는 것이다. 그러므로 광고를 하기 위해 직원을 채용하고 경영에 뛰어들 준비를 하고 있다면 필자의 사례도 충분히 고려해야 한다.

필자는 회사에서 말단 직원으로 근무할 때부터 경영자라는 생각과 열정으로 광고업에 임했다. 그리고 직원들을 채용해 관리했고, 매출을 늘렸으며, 회사 내 자체 시스템을 구축했다. 이러한 경험을 바탕으로 광고 담당 직원을 두고 광고를 할 때 유용한 몇 가지 비법을 공개하려 한다. 광고주가 아닌 사람이 이 비법을 실행해도 좋지만, 광고주가 아닌 사람이 비법대로 해줄 확률은 매우 낮다. 따라서 광고주나 총 관리자가 직접 실행한다고 가정하여 설명하겠다.

첫째, 직원에게 책임과 권한을 위임하라. 책임과 권한을 동시에 주면 직원은 성장하게 되어 있다. 책임을 피하려고 권한을 사용하게 될 것이고, 권한을 사용하다 보면 책임을 지게 되기 때문이다. 그리고 책임을 지다 보면 어느 순간 본인과 회사가 발전하고 있는 것을 느끼게 된다. 이는 직급자든 평사원이든 모두 마찬가지다. 따라서 계속 함께 발전할 수 있도록 그들을 독려하고, 그에 맞는 복지나 적절한 보상을 제공하라. 단순히 물질적인 것을 제공하라는 것이 아니다. 훗날 도움이 될 만한 미래 가치를 제공해야 한다.

둘째, 신입직원을 매년 채용하라. 정체되어 있는 느낌을 좋아하는 사람은 아무도 없다. 오랫동안 신입직원을 영입하지 않는다면, 회사는 제자리에 머물 뿐 발전하지 못한다. 신입직원이 지속해서 들어오면 기존 직원도 사명감이 높아지고, 새로운 직원을 통해 배움도 얻을 수 있다.

간혹 능력 있는 직원이 들어오는 것을 두려워하는 직급자가 있다. 그

능력 있는 직원이 곧 자신의 자리를 위협할 수도 있다고 생각하기 때문이다. 하지만 이는 경영자의 잘못이다. 직급자가 월급을 받는 것은 단순히 일을 하기 때문이 아니라, 그 일이 잘되도록 만들고 있기 때문이다. 즉, 능력 있는 신입직원이 들어오고 직급자가 그들을 잘 관리할수록 경영자는 그 신입직원을 잘 관리하는 직급자에게 적절한 대우를 해 줘야 한다. 그래야 계속 능력 있는 직원이 능력 있는 직원을 관리하고 운용할 수 있다. 또 새로 채용되는 능력 있는 직원들은 회사의 그러한 구조를 보고, 본인의 미래를 그리며 만족하고 성실히 근무하는 선순환 구조가 자리 잡을 것이다.

셋째, 직원의 만족도를 높이고, 직원을 챙겨라. 직원이 직장 생활에서 느끼는 만족도가 높을수록 업무성과도 높아진다. 직원이 광고회사에 다니는 것을 부끄럽게 만들면 안 된다. 그러기 위해서는 만족도를 높일 만한 일을 계속 만들어 내고, 직원이 가진 사소한 문제까지 최대한 도울 수 있어야 한다.

필자는 지금까지 그랬던 것처럼 앞으로도 직원들에게 개인적인 어려움이 생기면 여력이 되는 한 도움을 주려고 한다. 필자에게는 소중한 직원이 있고, 그 직원을 도와주는 소중한 직원이 있기에 그 직원도 소중하다. 결국 모든 직원에게 고마움을 느끼지 않을 수 없다. 그런 소중한 직원들이 모두 잘 되게 하려면, 늘 공동체라는 시선으로 회사를 바라보는 것이 중요하다.

넷째, 대표가 중요 업무와 관련해서는 직접 의사결정에 참여하라. 과거 스티브 잡스가 존재했던 애플과 없던 애플, 다시 경영에 복귀했을 때의 애플, 현재 스티브 잡스가 없는 애플의 경영 실적을 비교해 보라. 스티브 잡스의 존재만으로 여러 방면에서 애플에 큰 영향을 주었다는 것을 알 수 있다. 이는 스티브 잡스가 실제 경영과 관리, 실무에 많이 개입했기 때문에 가능한 것이다. 어느 기업이나 업무 진행 과정에서 중요한 의사결정을 해야 할 때가 있다. 이때 대표가 실무적인 부분을 제대로 파악하고 있지 못하면 잘못된 결정으로 회사가 손해를 입을 수도 있다. 광고 업계에서도 대표가 광고 실무를 모르면 그 회사가 잘될 확률은 거의 없다고 보면 된다.

다섯째, 대표가 먼저 실천하고, 약속하고, 직원의 인생을 책임질 각오로 임하라. 이러한 마음가짐은 무슨 사업을 하든 간에 대표에게는 꼭 필요하다. 그러나 필자가 근무했던 의원의 사례처럼, 일부는 직원 관리에 대해 가볍게 생각하는 경향이 있다. 이는 본업이 더 중요하고, 본업을 뒷받침해 주는 사업은 일단 해 보고, 잘 안 되면 말겠다는 생각으로 임하기 때문이다. 그런 생각을 지닌 대표 밑에서 광고 사업이 확장되고 제대로 발전할 확률이 있겠는가. 광고업에 뛰어들려면 그만한 각오도 준비되어 있어야 한다.

여섯째, 비전을 제시하고, 미래를 그려라. 여기서 비전이란 회사의 가치관이나 장기적인 목표, 추구하고자 하는 미래를 말한다. 그 미래를 그리는 것은 오직 광고주이자 대표만이 할 수 있다. 이런 일을 대신할 수 있는 직원을 만나는 것은 쉽지 않다. 운이 좋아서 그런 직원이 들어온다 해도 대표가 그런 태도를 보이지 않는다면, 회사가 성장하기도 전에 그 소중한 직원은 이탈할 확률이 매우 높다는 것을 염두에 둬야 한다.

일곱째, 대표로서 거래처 리스트를 꿰고, 새로운 거래를 맺기 위해 노력하라. 광고업을 할 때 거래처는 크게 두 부류인데, 광고를 구매하는 광고주 쪽과 외주 대행을 주는 쪽이다. 이 양쪽 거래처는 모두 중요하다. 이 거래처들이 곧 기업의 순이익에 직접적인 영향을 주기 때문이다. 따라서 대표나 경영 관리자가 직접 나서서 이들에 대한 적절한 권한을 행사하고 조절해야 하며, 끊임없이 새로운 거래처를 찾아내야 한다. 그러려면 절대로 실무를 놓아서는 안 되고, 거래처와 계속 연을 이어가야 한다.

광고 담당 직원을 두고
광고를 할 때
유용한 비법

직원에게 책임과 권한을 위임하라.

신입직원을 매년 채용하라.

직원의 만족도를 높이고, 직원을 챙겨라.

대표가 중요 업무와 관련해서는
직접 의사결정에 참여하라.

대표가 먼저 실천하고, 약속하고,
직원의 인생을 책임질 각오로 임하라.

비전을 제시하고, 미래를 그려라.

대표로서 거래처 리스트를 꿰고,
새로운 거래를 맺기 위해 노력하라.

광고업을 주력으로 하지 않더라도 본업과 함께 시간을 투자할 역량이 있다면, 직접 직원을
두고 운용하는 것이 장기적으로는 가장 좋은 방법이다. 어떤 사업이든 총예산에서 광고비
비중이 상당한 규모를 차지할 것이며, 회사의 규모가 커질수록 그 비중은 더 증가할 것이기
때문이다.

광고산업은 미래에도 수요가 줄지 않을 것이라 예상되는 사업군으로 손꼽힌다. 시대가 변하더라도 어떠한 거래든 이루어질 것이고, 거래에 있어서 다양한 형태의 광고가 전제되기 때문이다. 광고를 통해 무언가를 알릴 수 있으며, 고객은 잘 모르는 것보다 광고를 통해 알고 있는 상품을 구매할 확률이 더 높다. 만약 직원을 채용해 광고 사업을 할 계획이라면 기뻐해도 좋다. 요컨대, 광고는 거래가 존재하는 한 영원할 것이기 때문이다.

비단 광고업을 주력으로 하지 않더라도 본업과 함께 시간을 투자할 역량이 있다면, 직접 직원을 두고 운용하는 것이 장기적으로는 가장 좋은 방법이다. 어떤 사업이든 총예산에서 광고비 비중이 상당한 규모를 차지할 것이며, 회사의 규모가 커질수록 그 비중은 더 증가할 것이기 때문이다.

다만, 업계의 구조나 시스템을 정확히 이해하고, 지속해서 투자가 가능한 시점에서 시작해야 한다. 투자할 준비가 되어있지 않으면 앞서 말한 여러 사례처럼 실패할 확률이 매우 높기 때문이다. 하지만 꾸준한 투자를 통해 이러한 운용으로 성공한다면 가성비가 높은 광고를 진행할 수 있을 뿐만 아니라 본업의 경쟁력에도 좋은 영향을 줄 수 있다. 또 본업과는 별개로 새로운 사업으로 확장하는 것까지 생각한다면 규모가 제법 큰 사업으로 발전할 수 있기에, 도전에 대한 보상도 그만큼 크다고 할 수 있다.

04

자신에게 맡기는 비법

•

•

•

    혼자서 집을 건축하는 것이 과연 가능할까? 일반적인 관점으로는 불가능하다고 생각할 것이다. 그러나 건축 시스템을 잘 이해하고 있고 시간과 노력, 열정이 있다면 결코 불가능한 일은 아니다. 실제로 혼자서 단층 주택은 기본이고, 원하는 디자인으로 멋들어진 2~3층 주택 등을 건축한 사례가 종종 있다. 그리고 이러한 성공사례에 힘입어 비전문가들이 1인 건축에 도전하여 성공하는 사례가 포털이나 유튜브에 심심찮게 올라온다. 게다가 1인 건축과 관련된 동호회도 늘어나는 추세다.

    물론 하나부터 열까지 남의 도움을 전혀 받지 않고 모두 직접 시공한다는 이야기가 아니다. 본인이 주체가 되어 1인 건축을 한다 해서 모든 작업을 직접 해야 할까? 그건 절대 아니다. 본인이 직접 건축을 하되, 단순한 작업이 아닌 전문성이 필요한 작업일 경우에는 전문가의 도움을 받으면 된다. 중요한 것은 본인이 전체적인 건축 계획을 세우고, 모든 건축 공정에 관여하며 건축을 했다는 것이다. 남의 도움 없이 혼자서 건축을 시도하려는 사람은 건축을 전혀 모르는 사람일 확률이 높다. 설령 건축 경험이 있다 하더라도 건축 지식만 약간 있을 뿐 전 공정에 참여한 전문가는 아닐 것이다. 즉, 건축 분야에서 경험이 많은 전문가는 절대 1인 건축을 시도하지 않는다는 말이다.

광고 경험이 없던 과거에 필자도 아버지를 돕기 위해 혼자 광고를 진행한 적이 있다. 길을 걷다 보면 간혹 '찌그러진 곳 펴 드립니다.'라는 문구를 본 적이 있을 것이다. 이 '길거리 자동차 판금 도장' 일이 한때 아버지의 본업이었다. 그 당시 필자는 임용고시를 준비하고 있었기에 특별히 아버지를 도와드릴 수 있는 광고 기술이나 자금이 없었다. 하지만 아버지를 조금이라도 도와드리겠다는 일념으로 최선을 다해 직접 광고를 만들고, 카페를 만들어 주먹구구식으로 광고를 진행했다.

이후 아버지 사업은 점점 잘 되었고, 예약자 늘면서 고객이 몇 개월이나 기다려야 하는 상황이 벌어졌다. 소위 대박이 난 것이다. 워낙 일이 많아 쉴 시간이 없어지자 고객이 예약을 취소하면 아버지는 하루 쉴 수 있다고 그렇게 좋아하셨다. 하루는 아버지가 "네 덕분에 이렇게 돈도 벌고 고맙다. 오는 사람마다 네 광고를 보고 왔다고 아들 칭찬을 해주니, 그게 그렇게 보람일 수 없다."라고 말씀하셨다. 그리고 이후 필자에게 매달 100만 원씩 성큼 쥐여주셨다. 그렇게 아버지를 도와드리면서 혼자 하는 광고를 시작했고, 최초로 광고비도 받았다.

　필자처럼 시간적인 여유는 있지만, 광고비에서 여유가 없다면 한 번쯤 혼자 끙끙대며, 광고를 배워 볼 필요가 있다. 시간이 많으면 이것저것 도전해 볼 수 있기 때문이다. 그러나 시간이 많다고 무조건 해보라는 것은 절대 아니다. 특정 사업을 하면서 직접 광고를 한다고 가정해 보자. 어떤 경우에 도전하는 것이 좋을까. 필자의 경험으로 보면 사업 규모가 작을 때, 여유자금이 많지 않을 때, 본인의 인건비에 비해 광고비가 비싸다고 느낄 때가 적합하다. 반대로 사업의 규모도 크고, 본인의 인건비도 높은데도 불구하고 건축비를 좀 더 아끼겠다고 직접 집을 지으려 하면 어떻게 되겠는가? 건축 때문에 본업에 소홀해져 수입이 줄면 결국 손해를 볼 수도 있다.

　본업을 하면서 광고를 처음 접하는 시기, 즉 첫 광고주가 되는 시기는 반드시 온다. 이때 직원을 채용해 광고를 진행한다면 본업에 50%, 광고업에 50% 정도로 신경을 쓰는 것이 좋다. 그런데 광고주 본인이 혼자서 광고를 하고자 한다면 본업에 50%, 광고업에 25%, 본업 연구에 25% 비율로 투자하는 것을 추천한다. 사업 초기에는 광고만큼 본업의 질과 서비스를 높이고 차별화하는 데 좀 더 집중할 필요가 있기 때문이다.

필자 회사의 협력업체 중 꽤 오래전부터 필자와 함께 광고를 진행하는 의사가 있다. 그 의사가 개원했을 당시에는 환자가 많지 않아 혼자서 끙끙대며 인터넷으로 홍보작업을 했다. 개원하는 데는 생각보다 창업비용이 많이 들어간다. 시설 인테리어 비용과 최소 인력 비용, 그리고 월세를 비롯해 가장 큰 부분을 차지하는 의료장비 비용까지 계산하면 최소 5억은 필요하다. 그래서 보통 금융기관을 통해 대출을 받아 개원하는 경우가 많다. 이렇게 빚을 지고 시작하다 보니 마음이 더 초조해지는 것이다.

그 의사도 광고 비용을 아껴보고자 직접 홍보를 시작했었고, 꽤 오랫동안 광고 효과를 보지 못하고 시간을 허비하고 있을 때 필자를 만났다. 수억의 빚을 안고 폐업할 수도 있는 최악의 상황이었는데 각고의 설득 끝에 광고 일부를 필자에게 일임해 주었다.

그리고 수익이 점차 올라가자 광고에는 신경을 쓰지 않고 치료에만 전념할 수 있게 되었다. 의사의 시간당 급여는 상당히 높은 편이다. 따라서 급여가 높은 의료에만 집중하는 것이 옳다. 의사가 서비스와 의료의 질을 개선하기 위해 노력해야 하는 시간에 광고에 집중하고 있으면 효율성이 떨어지고 성공하기도 어렵다. 각 분야에 전문가가 괜히 존재하는 것이 아니다. 따라서 본업의 전문성과 안전성, 임금이 높은 편이라면 광고는 전문가에게 맡기고 본업에 집중하는 것이 좋다.

하지만 이런 경우를 제외하면, 직접 광고했을 때의 장점은 매우 명확하고 매력적이다. 잘만 하면 소자본으로 광고를 시작했더라도 대박이 나는 경우가 있다. 기본적으로 직원을 부리거나 외주를 주지 않기 때문에 사업 유지비와 관리비가 적게 들어가서 평균 수익률이 높다. 그리고 광고의 전 과정을 직접 경험해 봄으로써 배움의 질도 높고, 절실한 만큼 광고 효율에 대한 데이터를 빨리 수집할 수 있다. 창업한 지 얼마 안 된 소규모 업체라면 매출이 발생하는 건수가 적기 때문에 광고하는 족족 효율을 즉각적으로 분석할 수 있는 것이다. 즉, 본인의 업종에 잘 맞는 광고 영역이 무엇인지 경험을 통해 직접 검증해 볼 수 있다. 광고의 밑바닥부터 시작하면 각 분야의 전문가들을 접할 기회가 많아 광고 실무에 대해 누구보다 빠르고 정확하게 이해할 수 있다. 다만, 본업의 기본적인 업무를 수행하면서 업무 질을 높이기 위한 연구도 병행해야 하므로 단단히 각오하고 시작하는 것이 좋다.

필자는 현재 광고와 마케팅을 주업으로 삼고 있다. 그러나 처음부터 이쪽 분야에 발을 들인 것은 아니다. 교사로 시작해서 아버지 사업 홍보, 쇼핑몰 CEO, 부동산홍보 등 많은 일을 진행했고, 그 과정에서 혼자 광고를 하게 된 것이다. 이 시기에 밑바닥부터 광고에 대해 많이 경험했기에 지금 광고를 주업으로 하는 필자가 존재하는 것이다. 당시에는 2~3시간밖에 잠을 못 자고 일만 해야 했음에도, 즐거운 마음으로 본업과 광고에 매진했다.

이렇게 광고를 밑바닥부터 확실히 익혀두면 본업에도 엄청난 시너지 효과를 더할 수 있게 될 것이다. 특히 혼자서 광고를 열심히 해본 후에 대행사나 실행사, 직원에게 맡겨서 운용한다면, 훨씬 더 효율적으로 관리할 수 있다.

연 매출이 수십억이라는 유명한 유튜버들도 처음에는 본업과 연구, 광고를 혼자 진행한 것으로 알려져 있다. 기획부터 분장, 촬영, 광고 등 모든 작업을 혼자 했고, 그 경험 덕분에 이후에는 운영과 관리를 훨씬 수월하게 할 수 있었다고 한다. 그리고 매출이 어느 정도 나오게 되면 일부는 외주를 주거나 직원을 채용해 진행하고, 본인은 영상을 기획하고 촬영하는 본업에만 매진할 수 있게 된다는 것이다. 따라서 광고란 어느 정도 매출이 나올 때까지는 유튜버인 그들의 또 다른 주 업무에 가깝다.

그렇다면 이 시기에 광고를 자신에게 맡기는 비법은 무엇일까? 과연 어떤 기준을 가지고 진행해야 조금이라도 더 성공 확률을 높일 수 있을지 하나하나 짚어보자.

첫째, 본업과 광고, 본업 연구 이 세 가지에 대한 노력을 어떻게 분배할 것인지 정하고, 계획적으로 업무 시간을 정확히 분할하는 습관을 들여라. 시간계획표를 업무시간을 쪼개서 나누라는 말이 아니다. 적어도 하루는 본업에 치중했다면, 다음 날은 광고나 연구에 더 노력을 쏟으라는 이야기다.

본인의 열정과 시간은 무한대로 생기는 것이 아니다. 따라서 한 가지에만 몰입하게 되면 그만큼 다른 일에는 소홀해질 수밖에 없다. 한정된 열정과 시간을 분배할 때 본업에 50%를 할당하라. 본업에서 고정적으로 매출이 발생하는 경우가 대부분이므로 반드시 반 정도는 할당해야 한다. 나머지 반은 광고에 대한 고민에 25%, 본업의 시장 분석이나 서비스와 상품 질의 향상에 대한 고민에 25%를 쏟아라. 특히 고객 중심으로 생각하며 그들이 어떤 정보를 찾는지, 어떤 상품을 원하는지 연구하는 과정은 매우 중요한 시간이 될 것이다.

둘째, 분기별로 광고 집행 예산을 책정하고, 반드시 그 금액을 모두 지출하라. 광고 예산을 책정하지 않고 운영비에서 남는 돈으로 광고를 하겠다는 생각은 버려야 한다. 예산을 책정할 때 연간 또는 반년 단위로 하면 매출 변동이나 이슈들을 반영하기에는 현실적으로 어려움이 있다. 그렇다고 월 단위로 예산을 책정하면 매달 성과 측정에 급급하고 초조해지며, 겨우 한 달간 쌓인 데이터로 광고 효과를 평가하는 것은 의미가 없다.

따라서 어떤 광고든 분기별, 즉 3개월 단위로 예산을 분배하는 것이 적당하다. 그리고 그 기간에는 적어도 광고 효과를 평가하지 않고 참고 기다리기를 권장한다. 수확한 감자는 실온에서 3~4개월 동안은 휴면상태로 절대 싹이 자라지 않는다. 다만 감자가 휴면 기간에 좋은 환경에 있었다면 싹이 나고 다른 감자를 맺는 것처럼, 광고도 좋은 환경에서 진행되었다면 광고 효과도 좋게 나타날 것이다.

필자는 총 매출에서 15% 정도를 광고비 예산으로 책정할 것을 권장한다. 물론 업계 상황에 따라 다르겠지만 되도록 매출에서 15%는 없는 셈 치고 운영을 하길 바란다.

셋째, 어떤 광고 업무든 직접 부딪히고, 깨지고, 도전하라. 광고에도 다양한 업무가 존재한다고 앞서 이야기한 바 있다. 그런 업무들에 부담을 느껴 처음부터 무조건 외주로 넘기기보다는 직접 광고 매체를 운영해 보고, 어려움이 있을 때 전문가의 도움을 받아도 하는 것이 좋다. 어떤 광고든 처음 접하는 매체는 당연히 어렵다. 그러나 직접 해보지도 않고 계속 다른 이들에게 의존하게 되면, 그들이 과한 비용을 요구할 수도 있다. 또 광고비 부담으로 이어져 이후에 사업을 확장하는 데도 어려움이 생길 수 있다.

직접 해 보면 매체별로 합리적인 광고 비용을 도출할 수 있으니 유튜브 광고든, 현수막 광고든, TV 광고든지 여력이 된다면 한 번쯤은 직접 해보길 권장한다. 비록 성공적이지 못하더라도 적은 비용으로 진행했다면, 도전해 본 것만으로도 광고비 이상의 값어치를 한 것이다.

넷째, 프리랜서나 일용직 근로자를 많이 만나고, 함께 하며 그들에게 배워라. 프리랜서를 비전문가나 아마추어라고 생각하는 사업주들이 간혹 있다. 하지만 그것은 잘못된 생각이다. 오히려 실력이 매우 뛰어난 사람들이거나, 최소한 평균 실력은 갖추고 있는 경우가 많다. 실력이 떨어지는 프리랜서는 해당 업계에서 살아남기 어렵기 때문이다.

물론 경력이 짧은 프리랜서이거나, 실력이 부족해도 그 일을 유지하고 있는 경우도 종종 있으므로 충분한 검증을 거치도록 해야 한다. 어쨌든 그들이 해당 업종에서 아마추어가 아닌 전문가라는 점을 꼭 기억하길 바란다. 그들과 함께 일하는 과정에서 생각보다 배울 점이 많을 것이고, 광고주는 그들로부터 더 많은 정보를 습득할 수 있을 것이다.

다섯째, 지인을 최대한 동원하라. 어떤 광고 영역을 선택하더라도 인건비의 압박에서 벗어나기 어렵다. 대행사나 실행사도 광고 매체에 들어가는 비용을 제외하고, 운영비에서 인건비로 나가는 비용이 만만찮기 때문이다. 순수 인건비 외에도 식비나 4대 보험 등 사업주가 부담하는 비용이 많다는 점은 직원을 둔 사업주라면 대다수 공감할 것이다.

따라서 비용적으로 부담이 덜한 지인에게 도움을 요청해 보도록 하자. 블로그, 카페, 인스타그램, 후기, 댓글, 손글씨, 디자인, 홍보 아이디어 등 정말 다양한 방면으로 도움을 얻을 수 있다. 만약 가까운 사이라면 밥 한 끼 대접함으로써 고마움을 표현할 수 있을 것이다. 또는 광고 비용을 준다 해도 모르는 사이에 비해 상대적으로 적은 비용이 들어갈 것이다.

여섯째, 광고 실행사를 끊임없이 흉내 내라. 광고 실행사는 생각보다 많은 노하우를 가지고 있다. 그리고 그 노하우를 여러 방면에서 드러내고 있을 것이다. 왜냐하면 '광고 노하우를 써서 광고'하고 있기 때문이다. 기법이 드러나지 않는 광고는 절대 없다. 그래서 아이러니하게도 광고 실행사가 오랫동안 쌓은 노하우는 이미 모든 광고에 녹아들어 외부에 유출된 상태다. 유출된 상태라는 것은 그 기법을 모방할 수 있다는 말도 된다. 그러므로 실행사들의 광고를 끊임없이 보고, 따라 하고, 변형해 본다면 훨씬 좋은 결과를 얻을 수 있을 것이다.

필자도 과거 집 내부 공사를 할 때 아버지와 함께 인테리어 업체를 창업한 적이 있다. 인테리어 실행사처럼 그들을 흉내 내며 제법 저렴하게 공사를 진행한 것이다. 아버지께서 인테리어 업자로 변신하시며 거래처를 수급했다. 그 과정을 통해 건축업과 건축 유통, 자재, 인건비 등 많은 부분에 대해 알 수 있었다. 그때 나름의 노하우가 생겼고 이후 회사, 집, 숙소, 회사 펜션 등의 공사를 진행할 때 큰 밑거름이 되었다. 특히 대행사나 실행사와 가격 협상을 하거나 건축 디자인에 관여할 때 큰 도움이 되었다. 무엇보다 이렇게 익힌 노하우는 평생 사라지지 않는다는 점에서 매우 유익하다.

일곱째, 혼자 광고하는 것을 그만두는 시점을 정하라. 회사 경영과 광고를 동시에 진행하다 보면 반복적인 습관이 생기기 마련이다. 좋은 습관은 잘 사용하면 매우 도움이 되지만, 문제는 안 좋은 습관이다. 바꿔야 하는 습관이 무엇인지 인식하기도 어렵고, 어렵게 인식했다 하더라도 바꾸려고 마음을 먹고 그것을 실행하기는 쉽지 않다. 혼자 반복적으로 특정 영역에 광고하는 습관이 생겨버리면, 어느 순간 그 광고를 습관처럼 하는 본인을 발견하게 될 것이다.

변하는 시대에 맞게 새로운 광고 영역으로 확장해야 하는데, 그러지 못하고 정체기가 오게 되는 것이다. 그러면 기존에 진행하던 광고의 효율도 떨어질뿐더러 상황이 더 안 좋아지면 기존 광고조차 진행하기 어려운 상태로 접어들 수 있다. 따라서 좋은 광고라 할지라도 초기에는 매우 유용하나, 어느 시기가 지나면 오히려 독이 될 수 있음을 늘 숙지하고 있어야 한다.

따라서 본인의 하루 인건비가 20만 원이 넘으면 직접 광고하는 것을 멈추고 다른 형태로 전향하여 진행하는 것이 좋다. 어느 순간이 되면 본업도 지치고, 광고도 안 되며, 슬럼프가 찾아오게 된다. 특정 광고 영역에서 수년간 계속 효과를 보기도 어려울뿐더러, 급변하는 광고 시장에서 최신 동향을 쫓아가는 데도 무리가 있다.

광고를 자신에게
맡기는 비법은 무엇일까?

1 /

본업과 광고, 본업 연구 이 3가지에 대한 노력을 어떻게 분배할 것인지 정하고,
계획적으로 업무 시간을 정확히 분할하는 습관을 들여라.

2 /

분기별로 광고 집행 예산을 책정하고, 반드시 그 금액을 모두 지출하라.

3 /

어떤 광고 업무든 직접 부딪히고, 깨지고, 도전하라.

4 /

프리랜서나 일용직 근로자를 많이 만나고, 함께 하며 그들에게 배워라.

5 /

지인을 최대한 동원하라.

6 /

광고 실행사를 끊임없이 흉내 내라.

7 /

혼자 광고하는 것을 그만두는 시점을 정하라.

혼자 광고를 진행할 때는 본인이 없어도 광고가 유지되는 시스템을 구축해서 자동으로 돌아갈 수 있도록 하면 안전하다. 1인 기업이면서 혼자 광고를 진행하는 사업주라면 특히 이 부분에 신경을 써야 한다. 필자도 혼자 쇼핑몰을 운영하던 때에 몸이 아파 업무를 한동안 진행하지 못한 적이 있다. 그러자 물건 입고와 판매, 배송이 제대로 굴러가지 않아 적자가 발생했다. 뒤늦게 입고와 배송을 담당할 인력을 구했으나 광고가 안 되니 사태를 수습하는 데 어려움이 있었다.

사업주의 공백 기간이 길어지면 이후에 복귀한다 한들 이미 적자에 광고비를 쓸 여력도 없을 것이고, 다른 경쟁자가 본인의 자리를 꿰차고 있을 것이다. 즉, 1인 기업의 사업주는 늘 만일의 사태를 대비해 준비해 두지 않으면 공든 탑이 무너져 버릴 수도 있음을 명심해야 한다.

이렇듯 광고를 자신에게 맡기는 방법은 여건이 되면 매우 좋은 결과를 얻을 수 있지만, 상황에 따라 위험해질 수도 있다. 따라서 선택은 오롯이 독자의 몫이다. 다만 위에서 제시한 일곱 가지 사항을 유의 깊게 살피고, 광고의 8원칙을 활용한다면 상당한 매출 효과를 볼 수 있을 것이라 확신한다.

CHAPTER 6

같지만,
확실히 다른 기법

01

광고와 마케팅의 차이

.

.

 광고와 마케팅은 서로 떼어서 생각할 수 없을 만큼 밀접한 관계에 있다. 그런데 일반인들은 그럴 수 있다고 치더라도 광고업에 종사하는 사람들까지 광고와 마케팅의 의미를 혼동하여 쓰는 경우가 많다. 그러나 광고와 마케팅에는 분명한 차이가 있다. 광고는 문자 그대로 널리 알리는 것이 주목적이다. 이와 달리 마케팅은 광고하려는 것을 다른 사람에게 무형의 가치로 인식시키는 데 목적이 있다. 쉽게 말하면 광고는 판매에 가깝고, 마케팅은 포장에 가깝다.

 필자의 회사에서는 매년 명절이 다가오면 준비하는 선물이 있다. 일반인들은 보통 15만 원 정도라고 알고 있는 물건인데, 필자는 특별한 유통구조를 이용해 상대적으로 저렴한 가격에 대량으로 공급받고 있다.

그리고 그 물건을 필자가 일부 지원하여 직원들에게 좀 더 저렴하게 공급해 주며, 지인에게 선물하는 용도로 사용하도록 하고 있다.

그런데 필자와 계약을 맺고 매년 물건을 공급해 주던 업체에서 명절 1주일 전에 연락이 왔다. 물건을 포장하여 생산하는 외주 업체가 갑자기 폐업하게 되어 내용물은 공급해줄 수 있지만, 포장은 해줄 수 없다는 이야기였다. 명절까지 1주일 남은 상황에서 여간 다급한 일이 아닐 수 없었다. 다행히 여러 경로로 알아본 결과 시일에 맞춰 포장에 필요한 물품을 제공해 줄 수 있다는 업체를 찾았다. 그리고 협상을 통해 그 업체로부터 필요한 수량과 기일을 맞춰 주겠다는 확답을 받았다.

그런데 이 사건을 겪은 후 뜻하지 않은 이득이 있었다. 바로 포장이 개선되었다는 점이다. 사실 기존 거래처를 통해 받는 물건은 포장이 썩 마음에 들지 않았음에도 그것을 변경해 달라고 쉽게 요청할 수 없었다. 거래처에 실례가 될 뿐 아니라 잘못하면 계약 관계가 틀어질 수도 있기 때문이다. 그런데, 필자가 포장 업체를 직접 선택한 후 제품의 포장 품질은 매우 만족스러웠다.

포장 상자와 포장법 등을 바꾸고 나니, 매년 그 선물을 받던 가족과 친지들이 기존 것을 받았을 때보다 더 좋아했다고 한다. 기존 제품이 10만 원 정도의 저가형 상품으로 보였다면, 포장이 바뀐 선물은 15만 원 이상의 값어치로 보였다는 것이다. 내용물은 기존 것과 같은 것이었는데도 여기저기서 추가 주문이 쇄도할 정도였다.

이 사례에서 내용물은 본질이고, 포장은 마케팅이며, 판매는 광고다. 고급스러운 포장을 보고 구매한 사람이 포장 상자와 포장법 등이 바뀌어서 만족한다는 이야기를 다른 사람에게 전파해 주었다. 여기서 포장을 바꾸고 제품에 대한 인식을 바꾸려는 마케팅이 개입되지 않았더라면 그만한 성과를 얻을 수 없었을 것이다.

광고는 원칙을 세워 잘 알리는 것이 중요하고, 마케팅은 특별한 것 없는 것을 소비자에게 어떤 가치가 있는 것으로 인식하게 만드는 것이 중요하다. 어떤 상품이나 기업이든 장단점이 공존하기 때문에, 결국 단점을 장점으로 보이게 만드는 기술이 필요하다.

위의 사례처럼 내용물은 같아도 포장에 변화를 줌으로써 소비자가 느끼는 상품의 가치를 높이는 기술을 마케팅이라고 한다. 마케팅 과정을 거치면 소비자에게 상품 이외에도 심리적인 만족감과 가치까지 얹어주기 때문에 결과적으로 더 큰 서비스를 제공할 수 있다. 그리고 이렇게 마케팅된 상품이 여러 가지 원칙에 맞게 준비된 경로를 통해 판매가 원활하게 이루어지도록 만드는 기술이 광고다. 따라서 마케팅과 광고 중 하나라도 제대로 준비되지 않으면 당장은 크게 체감하기 어려울지 몰라도 장기적으로는 좋은 성과를 기대하기 어렵다.

간혹 마케팅이나 광고 분야에서 일하는 사람 중 본업에 대한 자부심이 매우 높은 사람들은 자신이 일하는 분야가 더 중요하다고 주장하기도 한다. 그러나 그렇게 단정지어 생각하면 안 된다. 이 두 가지 학문은 궁극적으로는 하나로 묶어서 이해해야 하기 때문이다.

필자는 마케팅과 광고를 실과 바늘에 비유하곤 한다. 실과 바늘을 가지고 좋은 옷을 만들려면 어떤 과정을 거쳐야 할까. 먼저 옷을 디자인하는 것은 본질을 다지는 작업이다. 그리고 이 옷이 완성되기 위해서는 실과 바늘이 필요한데 실은 마케팅에 비유할 수 있고, 바늘은 광고에 비유할 수 있다. 실이 없으면 바늘로 옷을 만들 수 없다. 반대로 바늘 없이 실만 가지고 옷을 만들 수 없다. 그리고 디자인이 되어 있지 않으면 애초에 옷 만들기를 시작할 수도 없다.

만약 시작 단계에서 디자인이나 설계도가 제대로 준비되어 있지 않으면 좋은 실을 사용해 계획한 대로 옷을 만든다고 해도 품질이 떨어질 수밖에 없다. 디자인이나 설계, 즉 본질이 좋지 않으면 마케팅과 광고로 아무리 포장한다 해도 고객은 본질의 문제를 눈치채기 마련이다. 그리고 그 마케팅과 광고를 믿지 못하게 될 것이다. 심지어 그것을 마케팅하고 광고한 회사조차 신뢰할 수 없는 회사로 낙인찍히는 경우도 발생할 수 있다.

디자인과 설계가 잘 되었다 해도 사용한 실이 좋지 않으면, 질감이 나쁘거나 착용감이 기대에 못 미치는 등 옷의 품질에 문제가 발생할 수 있다. 아무리 본질이 우수하고 광고가 잘 되었더라도 재질에 대한 불만족이 쌓이면 고객은 실망하게 되고, 이는 곧 안 좋은 결과로 이어질 것이다. 원단을 만져보고 구매할 생각을 접거나, 설령 구매하더라도 이내 환불을 요청할 수 있다.

우수한 디자인과 원단이 준비되어 있다 해도 바늘이 좋지 않으면 옷이 엉성하게 만들어지거나 만드는 것 자체가 불가능해진다. 원단과 재봉 부위에 따라 각기 다른 두께와 강도를 지닌 바늘이 필요하다. 즉, 본질이 뛰어나고 마케팅이 아무리 잘 되었어도 적절한 상황에 맞는 광고가 제대로 이루어지지 않는다면, 제작 자체가 어렵거나 아예 불가능하다는 뜻이다. 설령 적절하지 않은 바늘로 겨우 옷을 만들었다 해도 완성도는 떨어질 것이고, 제작 인건비, 불량품 등으로 원가는 올라가 결국 원하는 성과를 얻기 힘들 것이다.

옷을 만드는 것에 비유한 것처럼 본질과 마케팅, 광고는 어느 하나도 간과할 수 없다. 세 가지 영역이 모두 제대로 준비되고 진행되어야 장기적으로 원하는 결과를 얻을 수 있다.

그렇다면 바닷가에서 흔히 볼 수 있는 돌멩이도 판매할 수 있을까? 본질은 '특별한 것 없는' 돌멩이에 불과하다. 하지만 특별한 마케팅 기법으로 그 돌멩이를 포장하고, 멋진 광고로 그것을 판다고 가정하자. 필자를 비롯하여 능력 있는 업계 종사자들은 팔 수 있다고 확신할 것이다. 다만 판매 수량에는 한계가 있어, 장기적으로 판매하기는 어려울 것이다. 어떤 가치를 부여해도 흔한 돌멩이라는 본질은 변하지 않기 때문이다.

본질은 그만큼 중요하다. 따라서 마케팅과 광고를 하는 사람이라면 본인이 맡은 제품이나 기업의 본질을 높이는 데에도 관여해야 한다. 즉, 프로젝트를 시작할 때 본인이 마케팅과 광고를 의뢰한 회사의 경영자라는 마음가짐으로 그것을 대해야 성과를 높일 수 있다.

필자가 만나본 광고하는 사람 중 절반 이상은 단순히 광고만 해 주면 그만이라고 생각했다. 마케팅하는 사람 중 절반 이상은 단순히 포지셔닝과 설계만 해 주면 그만이라고 생각했다. 그리고 극소수지만 광고와 마케팅을 모두 해 주는 사람은 그 두 가지를 적절히 섞어서 해 주면 그만이라고 생각했다.

그러나 이제는 바뀌어야 한다. 본질에 문제가 있다면 개선점을 말해 주고, 좋은 아이디어를 제공하여 적용하도록 요구해야 한다. 정말 좋은 물건을 만드는 데 담당자가 공헌해야 한다. 그렇게 해야만 마케팅이나 광고의 대가들이 주장하는 것처럼 만족스러운 최종 결과물을 얻어낼 수 있을 것이다. 나아가 본인이 마케팅하고 광고한 것을 구매해 준 고마운 소비자에게 떳떳할 수 있다. 소비자가 더 좋은 제품이나 기업을 만날 수 있도록 본인이 도움을 주었다는 점에서 훨씬 큰 보람을 느낄 수 있을 것이다.

인식과 표현의 무한 반복이야말로 마케팅 광고의 전부다. 마케팅 광고 담당자가 제품을 바라보고 인식한 것을 표현하면, 그 표현한 것을 듣거나 본 소비자도 제품을 인식한다. 그리고 소비자는 자신이 인식한 것을 다시 누군가에게 표현하면서 스스로 제품을 재인식하게 된다. 이러한 과정이 반복되면 그 제품을 생각할 때 떠올리게 되는 무형의 가치, 즉 '브랜드'가 형성된다. 그러면 많은 소비자가 그 제품을 바라볼 때 인식하고 있는 정보로 간단하게 받아들이게 된다.

그리고 담당자는 브랜드가 사라져 일반적인 것으로 변하기 전에 소비자가 인식하던 정보를 다시 표현해야 한다. 담당자에 의해 각색된 가치라 해도 늘 발전된 브랜드로 소비자에게 인식되는 것이 중요하다.

이처럼 마케팅과 광고 중 어느 하나에만 치중하면 안 된다. 인식과 표현, 즉 마케팅과 광고를 모두 끊임없이 실행해야 한다. 마케팅이 잘되면 소개가 저절로 늘어나게 되고, 소비자가 저절로 찾아오게 된다. 광고가 잘 되면 신규 소비자가 계속 늘어나게 되고, 그들에게 마케팅된 내용을 알려서 브랜드 가치를 지속해서 쌓아갈 수 있다. 그래서 필자는 마케팅과 광고를 절대 따로 보지 말고, 하나로 묶어서 생각하고 끊임없이 시도하기를 권장한다.

02

같이 알아 두면 좋은 오케팅

•

.

　기업, 사업, 제품, 서비스, 사람 등 어디에 대입하더라도 광고와 마케팅은 매우 중요하다. 그리고 마케팅은 사실 특별하거나 어려운 것이 아니다. 우리는 일상에서 무의식적으로 마케팅 기법을 사용하고 있다. 2명 이상 모인 곳에서는 이미 마케팅이 이루어지고 있다. 스스로 인식하지 못할 뿐이다. 그만큼 생각보다 쉽게 마케팅에 접근할 수 있다.

　제대로 만들어진 광고란 '고객의 반응'을 예측한 광고다. 반응을 예측하지 못한 광고의 성과는 언제나 운에만 좌우된다. 보다 정밀하게 고객의 반응을 예측하고 효과적인 전략을 설계하려면 마케팅 기술이 필요하다.

　이 책을 읽고 있는 당신도 충분히 마케팅할 수 있다. 단, 제대로 알고 체계적으로 접근하는 것과 주먹구구식으로 대충하는 것은 분명히 다르다. 필자 역시 생계를 위해 무의식적으로 마케팅에 뛰어들었지만, 이후 수많은 마케팅 관련 서적을 읽었다. 그 과정에서 알게 된 마케팅 기법들을 수없이 실제에 적용하고, 그 결과를 분석해 왔다. 지금도 이러한 연구를 계속하며 마케팅의 한계를 극복해 나가고 있다.

지금까지의 연구 결과로, 필자는 광고와 마케팅을 기업, 제품, 생활, 서비스 등 모든 것에 적용할 수 있는 오케팅(Oketing)을 개발했다. 오케팅은 알파벳 'O'와 'Marketing'을 합성한 말이다. 여기서 'O'는 뭐든지 'OK' 하게 만들 수 있다는 의미와 순환(cycle)의 의미를 담고 있다. 오케팅을 잘 활용하기만 한다면 뭐든 되게 만들 수 있다는 것이다. 이러한 오케팅을 같이 알아 두면 매우 도움이 될 것이다. 오케팅은 언제, 어디서나 통용되기 때문이다.

자신을 팔아라!

오케팅의 기본은 '자신을 파는 것'이다. 너무 추상적인 이야기라고 생각할 수도 있다. 그러나 명백한 사실이다. 세계적으로 마케팅의 대가로 꼽는 필립 코틀러(Philip Kotler)는 "마케팅할 대상은 상품이나 서비스에 그치지 않는다. 사람이나 장소, 아이디어, 경험, 그리고 조직을 마케팅할 수도 있다."라고 말했다. 《마케팅 전쟁》의 저자 잭 트라우트(Jack Trout)는 "마케팅은 제품의 싸움이 아니다, 인식의 싸움이다."라고 경고했다.

또 《마케팅이다》의 저자 세스 고딘(Seth Godin)은 "누구도 당신의 제품을 필요로 하지 않는다."라고 말한 바 있다.

즉, 마케팅을 제품이나 서비스에만 적용하는 것으로 한정해서는 안 된다. 우리가 살아가는 시대는 바야흐로 '퍼스널 브랜딩(Personal Branding)' 시대다. 다양성, 변화, 경쟁이 난무하는 환경에서는 결국 끊임없이 자신을 팔 수 있는 사람만이 살아남게 될 것이다. 그리고 그런 사람만을 진정한 마케터라고 할 수 있다. 실로 인생은 마케팅의 연속이다.

오케팅은 총 6편 15계로 구성되어 있다. 크게 정신 편, 식사 편, 주거 편, 의복 편, 무리 편, 경쟁 편으로 구성되어 있는데 이는 생계형인 우리가 꼭 갖춰야 할 자세를 뜻한다. 보통 사람이 살아가는 데 꼭 필요한 것으로 '의(衣)', '식(食)', '주(住)' 세 가지를 말하듯, 필자는 오케팅할 때 꼭 필요한 것을 여섯 가지로 구분한다. 모든 구성 요소가 전부 중요하지만, 앞에 나열된 것일수록 우선순위라고 이해하면 된다.

이러한 우선순위는 우리의 삶에도 비슷하게 적용된다. 즉, 오케팅에서 가장 앞에 있는 '정신'은 모든 것의 근본이다. 정신이 온전하지 못하면, 다른 모든 것들을 갖추고 있더라도 살아나가는 근본적인 힘을 얻을 수 없다. 결국 올바른 정신 없이는 일을 해 나가거나 살아남기 어렵다는 말이다.

'정신'에 이어 중요한 것이 '식사'다. 의식주 중에서는 이 '식(食)'이 가장 중요한데, 생명과 직결되는 문제이기 때문이다. 사람은 먹지 못하는 상태로 30일을 넘기기 어렵다. '식' 다음은 '주(住)'다. 주거환경이 제대로 갖춰지지 않으면, 추위나 더위를 피하지 못해 살아남기 힘들다. 그리고 외부에 있을 때 추위나 더위에 영향을 받게 되므로 의복이 갖춰지지 않으면 살아남기 힘들다. 따라서 의(衣)도 중요하게 생각해야 한다.

이렇게 기본적으로 살아남는 데 필요한 요소들이 준비된 후에는 '무리'를 짓게 된다. 그리고 2명에서 10명으로, 10명에서 100명으로 계속 무리가 커지기 마련이다. 이 단계에서는 철학 사상이나 이데올로기가 형성되고 그것에 영향을 많이 받게 된다. 이렇게 무리가 만들어지면 대내외적으로 '경쟁'이 심화된다. 그리고 경쟁에서 이기기 위해 마케팅 역량이 필요한 상황에 놓인다. 마케팅은 다른 이를 따라 하거나 외워서 할 수 있는 것이 아니라, 스스로 생각하고 연구해야만 할 수 있다.

따라서, 오케팅을 반복적으로 실행하다 보면 광고와 마케팅 역량이 비약적으로 상승할 뿐 아니라 살아가는 데 전방위적으로 도움이 될 것이라고 확신한다. 오케팅 6편 15계에 대한 이해를 돕기 위해 필자는 오케팅을 항해(航海) 과정에 비유해 설명한다. 이에 대해서는 다음 내용을 참고하길 바란다.

(1) 정신 편

정신 편은 1계 영혼과 2계 보물로 구성되어 있다. 이 영혼과 보물은 오케팅 항해를 할 때 필요한 아주 기본적인 요소다. 이 두 가지가 없으면 사실 다음 단계도 존재하지 않는다. 필자가 앞서 말한 바와 같이 모든 편과 계가 중요하지만, 더 우선시되는 것이 있다. 이 1계과 2계가 오케팅의 정신이라고 할 수 있으며, 모든 계의 근간이 되는 축이자 기본이다. 오랫동안 항해를 하는 과정에서 정신이 제대로 갖춰져 있지 않다면, 정상적인 항해가 불가능하다.

1계 영혼: 보물선은 보물을 찾지 않는다
- 큰 대의를 갖고 꿈꾸는 자는 언젠가 반드시 해낸다

2계 보물: 진귀한 보물 두 가지를 찾아라
- 보물이자 목표는 마케팅의 연료와 같다
- 내가 갖고 싶은 것을 모두 갖고 싶게 만들어라

(2) 식사 편

식사 편은 3계 성명, 4계 식량, 5계 문제로 구성되어 있다. 성명과 식량, 문제는 항해 과정에서 식량에 비유되기 때문에 매우 중요하다. 이

세 가지 계를 제대로 준비하지 못한다면 매우 힘든 항해가 되거나 항해 자체를 중단해야 하는 상황이 벌어질 수 있다. 망망대해에서 제대로 먹지 못한다면 어찌 되겠는가. 식량이 부족하면 오랜 기간 항해를 유지할 수 없다.

3계 성명: 보물에 옳은 이름을 지어라
- 이름은 브랜드 자체이며, 신뢰와 직결된다
- 신중히 고른 명칭은 반드시 이름값을 한다

4계 식량: 보물선의 식량 4종을 정하라
- 남들보다 자신 있는 것들만 계속 찾아내라
- 한 가지에만 쏟아붓는 마케팅은 도박처럼 위험하다

5계 문제: 지금 식량을 빼앗기고 있다
- 경쟁 상대가 없는 마케팅이라 해도 시간이 지나면 경쟁 상대는 나타나게 되어 있다
- 판매자 입장만큼 쓸모없는 것도 없다. 구매자가 되어라
- 문제를 모르면 답도 찾을 수 없다. 필사적으로 찾아야 한다

(3) 주거 편

주거 편은 6계 위치, 7계 전략, 8계 장벽으로 구성되어 있다. 항해할 때 잠자는 곳은 매우 중요하다. 누구나 안정적으로 잠을 잘 수 있어야만, 힘든 항해 후 휴식을 취하고 새로운 출발을 할 수 있다. 춥거나 더위서 단 며칠이라도 제대로 잠을 못 잔다면 항해를 안정적으로 하기 어렵다.

6계 위치: 생사가 걸린 위치를 찾아라

- 단점을 장점으로, 위기를 기회로 보이게 하라
- 조금 다른 시각으로 접근하면 나만의 위치가 나온다
- 경쟁 상대를 등급별로 나누어 위치를 정하라

7계 전략: 무역선은 자주 오지 않는다

- 가격을 낮출 것이 아니라, 가치를 높여라
- 합리적인 가격은 오직 고객만 정할 수 있다
- 몇 수 앞을 내다본 전략은 훌륭한 미래를 만든다

8계 장벽: 무엇으로 살아남을 것인가

- 우리가 쳐놓은 방치, 모방, 혁신의 그물망에서 경쟁사가 벗어나지 못하게 하라

- 마케팅 경주에서 때로는 치타처럼 빠르게, 때로는 코끼리처럼 강력하게 변화를 시도하라

(4) 의복 편

의복 편은 9계 각본, 10계 요약으로 구성되어 있다. 항해할 때 의복은 추위나 더위를 막아주기도 하지만, 사람이 제대로 생활하는 데 필요한 존엄성을 지켜주기도 한다. 의복이 갖춰져 있지 않다면 주거가 보장되었다 하더라도, 외부 생활이 불가능하다.

9계 각본: 누가, 왜, 어떻게 그 일을 하는가
- 스토리가 아닌 시나리오를 만들어라
- 시나리오는 재미있는 한 편의 드라마여야 한다

10계 요약: 한마디로 모든 것을 증명하라
- 시나리오를 듣게 하려면 반드시 강력한 한마디로 시작하라
- 슬로건이란 브랜드명의 또 다른 이름이다

(5) 무리 편

무리 편은 11계 소통, 12계 출격으로 구성되어 있다. 정신, 식사, 주거, 의복이 갖춰져 있다면 당장 생물학적인 삶을 영위하는 것은 가능하다. 그러나 항해하는 과정에서 생기는 불안감에 맞서기 위해서는 결국 어떻게든 무리를 지어야 한다. 무리를 짓는다는 것은 곧 관계와 연합을 의미한다. 응집하고 모임으로써, 불안감을 떨쳐내고 정상적으로 항해할 수 있다.

11계 소통: 선장으로서 리더십을 발휘하라

- 남들이 미쳤다고 해도 마케팅으로 끌고 가라
- 마케팅에서 소통과 수용 없이는 뭉치거나 나아갈 수 없다
- 마케팅은 불가능을 가능하게 보이도록 포장하는 일이다
- 선장은 판단에 책임져야 하며, 리더임을 증명해야 한다

12계 출격: 오케팅? 로케팅?

- 끊임없이 답변하라, 물어볼 것을 찾을 수 없을 때까지
- 좋은 업데이트가 되었다면, 가급적 무상으로 지급하라
- 시작한다면 로켓처럼, 의심된다면 처음처럼 하라

(6) 경쟁 편

경쟁 편은 13계 광고, 14계 분석, 15계 점검으로 구성되어 있다. 무리를 지으면 자연스레 경쟁 구도가 생기게 된다. 2명 이상이 모인 곳에는 늘 경쟁이 따르고, 그 경쟁은 언제나 더 발전하며 앞으로 나아갈 수 있도록 길을 만든다. 항해할 때 내부적으로 선원들끼리 경쟁하든, 외부적으로 다른 보물선과 경쟁하든 경쟁은 꼭 필요하다. 경쟁이 없으면 단합은 생기지 않고, 무기력만 보물선을 지배하게 된다.

13계 광고: 신나게 팔아라. 보물을 찾아라
- 광고는 마케팅 함선의 초고속 프로펠러다
- 고객은 보이는 것에만 급급한 광고를 절대 용납하지 않는다

14계 분석: 뭐가 됐든, 닻을 올려라
- 불만족 고객조차 고마워하게 만들어라
- 사지 않은 사람도 입맛을 다시게 만들어라

15계 점검: 항해는 계속되어야 한다
- 끊임없이 새로운 마케팅 거리와 기법을 찾아내라
- 우연히 걸어가지 말고, 계획하고 의도적으로 걸어가라

마치며

필자는 '광고의 8원칙'과 마케팅 이론인 '오케팅 15계', 그리고 '13가지 브랜드 법칙', '브랜드 상대성이론'을 세상에 선보였다. 사실 특허나 책은 필자 회사의 내부 교육자료로 활용되었던 내용을 근간으로 한다. 과거 여러 광고를 제작하고 진행하면서, 결과가 마음에 들지 않아도 도대체 무엇이 문제이고 어떻게 개선해야 할지 모르던 시절이 있었다. 직원들뿐 아니라 필자조차도 과정이나 결과가 마음에 들지 않아도 어떠한 원칙도 제시하지 못한 채, 다시 해보자고 의욕만 불태웠다.

하지만 무엇이 잘못되었는지 알아야만 그 부분을 보완할지 아니면 넘어가도 될지 알 수 있고, 해답을 찾을 수 있다. 광고 담당자는 광고주의 의뢰를 받아 특정한 목적을 가지고 그 의뢰를 성실히 수행하는 사람이다. 그렇기에 광고 담당자는 광고주의 눈치를 보며 광고를 제작하기 마련이다.

하지만 이제 더는 그럴 필요가 없다. 광고의 8원칙을 제시하며 '이 특허받은 원칙에 따르면 이런 점이 부족하기에 이런 요소들이 필요합니다.'라고 당당히 말할 수 있기 때문이다. 또 광고의 8원칙은 소비자의 의식 흐름을 이용한 단계별 광고 제작, 광고 효율 상승을 목표로 만들어진 것이기 때문에 광고주도 쉽게 이해하고 받아들일 수 있다.

특히 광고 담당자는 자신이 맡은 프로젝트마다 이 원칙에서 적절한 기준을 적용해 설득한다면 광고주는 충분히 이해하고 수긍할 것이다. 그리고 진행 과정에서 단계마다 담당자의 강도 높은 고민도 녹아 있을 것이다. 따라서 원칙에 고민이 더해져 당신의 제작물은 더욱 큰 신뢰를 얻을 수 있을 것이라 확신한다.

현재 필자는 한국온라인광고연구소에서 마케팅과 광고를 하고 있으며, 오케팅연구소를 통해 퍼스널브랜딩과 기업·제품브랜딩 강의 및 컨설팅을 한다. 또 한국마케팅광고협회에서 교육 활동과 검색광고마케터 등의 자격증을 발급한다. 새롭게 론칭한 에끌리다 그룹은 브랜드 기획, 홈페이지 제작, 블로그 홍보, 인플루언서 네트워크, 인증·상장 수여, 광고 영상 촬영 및 제작, 디자인·인쇄물 제작 등 마케팅·광고와 관련된 거의 모든 일을 수행한다. 이 밖에도 대한출판사와 퍼스널포커스(언론사), 닥터스웰스(의사들이 좋아하는)라는 저자극 기능성 화장품 회사도 운영하고 있다.

만약 필자가 하는 일과 관련하여 도움이 필요한 분이 있다면 최선을 다해 돕고자 한다. 나는 누군가를 돕겠다는 일념으로 살아왔다. 지금도 현업 최전선에서 일한다. 그래야 누군가를 더 도울 수 있기 때문이다. 독자들도 후원단체인 굿닥터네트웍스를 통해 20여 개 보육원에 있는 1,000여 명의 아이들을 도와주길 소망한다. 또 오케팅을 전파해 더 많은 사람이 대의를 이룰 수 있도록 도와주었으면 한다.

본 책을 출판하는 데 많은 분이 도움을 주셨다. 모두 일일이 거론할 수 없기에 간략하게 적겠지만, 나의 하나님께 가장 먼저 영광을 올린다. 더불어 이 길을 계속 걸을 수 있도록 곁에서 지켜주고 응원해 준 사랑하는 가족에게 고마운 마음을 전하고 싶다. 회사 내에 필자를 믿고 따라주는 고마운 직원들 덕분에 지금의 자리에 설 수 있었다. 정말 감사드린다.

무엇보다 필자와 필자의 회사를 믿고 함께해 준 고마운 협력사와 거래처, 공기관, 대학교, 고등학교, 보육원 등에 감사한 마음을 전한다. 그분들이 있었기에 필자와 회사가 지금의 위치로 성장할 수 있었음을 밝힌다. 늘 보답하는 마음으로 무엇을 더 지원해 줄 수 있을지 고민하겠다. 이외에도 필자의 비전을 믿고 성원해준 모든 분에게 감사한 마음으로 이 책을 바친다.

덧붙이는 말

필자가 쓴 책을 읽고, 같은 비전을 꿈꾸거나 도움을 주거나 받고 싶은 분들이 있다면 언제든 한국온라인광고연구소 홈페이지나 유튜브 채널 '고민해결사! 오두환'에 문의를 남기길 바란다. 필자의 책을 읽었다는 내용과 문의 사항을 가장 위쪽에 적어주면 관리자가 확인 후, 필자에게 질문과 내용을 알려준다. 만약 필자의 책을 여러 번 읽었다면 필자와 오랜 시간 대화를 한 셈이고, 어떤 부분으로는 이미 친구가 되었다고 말할 수 있다. 그러니 책과 연관된 질문이나 대화를 하고 싶다면, 혹은 도움을 받고 싶다면 언제든 편하게 상담을 신청하길 바란다.

함께해 주신 모든 이들께 감사의 말씀을 올립니다. 축복합니다.